2021 年度版

文 部 科 学 省 後 援

# 英検® 5 級
## 過 去 6 回 全 問 題 集

旺文社

# 英検®受験の流れ

## ❶ 一次試験当日

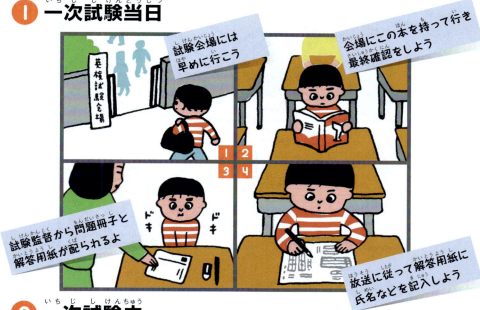

試験会場には早めに行こう

会場にこの本を持って行き最終確認をしよう

試験監督から問題冊子と解答用紙が配られるよ

放送に従って解答用紙に氏名などを記入しよう

## ❷ 一次試験中

試験開始の合図で筆記試験を始めよう

困ったことがあったら静かに手を挙げよう

筆記試験が終わるとリスニングテストだよ

試験終了の合図で鉛筆を置こう

# ❸ 一次試験が終わったら…

翌月曜日午後から
英検HPで解答が見られるよ

自分で採点してみよう

次はスピーキング
テストに挑戦！

約3週間後に
合否通知が届くよ

# ❹ スピーキングテスト

コンピューター端末
を用意しよう

必須

スマートフォン
タブレット
パソコン
（マイクが必要）

音声録音用（必要に応じて）

ヘッドセット
マイク付イヤフォン
外付けマイク

専用の受験サイトに
アクセスして受験するよ

画面の指示に従って
テストを受けよう

成績は，約1ヵ月後に
ウェブサイトで確認できるよ

# 2020年度第2回　英検5級　解答用紙

## 解答欄

| 問題番号 | 1 | 2 | 3 | 4 |
|---|---|---|---|---|
| 1 | (1) | ① | ② | ③ | ④ |
| | (2) | ① | ② | ③ | ④ |
| | (3) | ① | ② | ③ | ④ |
| | (4) | ① | ② | ③ | ④ |
| | (5) | ① | ② | ③ | ④ |
| | (6) | ① | ② | ③ | ④ |
| | (7) | ① | ② | ③ | ④ |
| | (8) | ① | ② | ③ | ④ |
| | (9) | ① | ② | ③ | ④ |
| | (10) | ① | ② | ③ | ④ |
| | (11) | ① | ② | ③ | ④ |
| | (12) | ① | ② | ③ | ④ |
| | (13) | ① | ② | ③ | ④ |
| | (14) | ① | ② | ③ | ④ |
| | (15) | ① | ② | ③ | ④ |

## 解答欄

| 問題番号 | 1 | 2 | 3 | 4 |
|---|---|---|---|---|
| 2 | (16) | ① | ② | ③ | ④ |
| | (17) | ① | ② | ③ | ④ |
| | (18) | ① | ② | ③ | ④ |
| | (19) | ① | ② | ③ | ④ |
| | (20) | ① | ② | ③ | ④ |
| 3 | (21) | ① | ② | ③ | ④ |
| | (22) | ① | ② | ③ | ④ |
| | (23) | ① | ② | ③ | ④ |
| | (24) | ① | ② | ③ | ④ |
| | (25) | ① | ② | ③ | ④ |

## リスニング解答欄

| 問題番号 | 1 | 2 | 3 | 4 |
|---|---|---|---|---|
| 例題 | ① | ② | ● | |
| 第1部 No. 1 | ① | ② | ③ | |
| No. 2 | ① | ② | ③ | |
| No. 3 | ① | ② | ③ | |
| No. 4 | ① | ② | ③ | |
| No. 5 | ① | ② | ③ | |
| No. 6 | ① | ② | ③ | |
| No. 7 | ① | ② | ③ | |
| No. 8 | ① | ② | ③ | |
| No. 9 | ① | ② | ③ | |
| No. 10 | ① | ② | ③ | |
| 第2部 No. 11 | ① | ② | ③ | ④ |
| No. 12 | ① | ② | ③ | ④ |
| No. 13 | ① | ② | ③ | ④ |
| No. 14 | ① | ② | ③ | ④ |
| No. 15 | ① | ② | ③ | ④ |
| 第3部 No. 16 | ① | ② | ③ | |
| No. 17 | ① | ② | ③ | |
| No. 18 | ① | ② | ③ | |
| No. 19 | ① | ② | ③ | |
| No. 20 | ① | ② | ③ | |
| No. 21 | ① | ② | ③ | |
| No. 22 | ① | ② | ③ | |
| No. 23 | ① | ② | ③ | |
| No. 24 | ① | ② | ③ | |
| No. 25 | ① | ② | ③ | |

2020年度第2回 **Web特典「自動採点サービス」対応 オンラインマークシート**
※検定の回によってQRコードが違います。
※ PC からも利用できます（問題編 P7 参照）。

※実際のマークシートに似せていますが、デザイン・サイズは異なります。

## 2020年度第1回　英検5級　解答用紙

【注意事項】
①解答にはHBの黒鉛筆（シャープペンシルも可）を使用
し、解答を訂正する場合には消しゴムで完全に消して
ください。
②解答用紙は絶対に汚したり折り曲げたり、所定以外の
ところへの記入はしないでください。

③マーク例

| 良い例 | 悪い例 |
|---|---|
| ● |  |

 これ以下の濃さのマークは
読めません。

| 解　答　欄 | 1 | 2 | 3 | 4 |
|---|---|---|---|---|
| 問題番号 | 1 | 2 | 3 | 4 |
| (1) | ① | ② | ③ | ④ |
| (2) | ① | ② | ③ | ④ |
| (3) | ① | ② | ③ | ④ |
| (4) | ① | ② | ③ | ④ |
| (5) | ① | ② | ③ | ④ |
| (6) | ① | ② | ③ | ④ |
| (7) | ① | ② | ③ | ④ |
| (8) | ① | ② | ③ | ④ |
| (9) | ① | ② | ③ | ④ |
| (10) | ① | ② | ③ | ④ |
| (11) | ① | ② | ③ | ④ |
| (12) | ① | ② | ③ | ④ |
| (13) | ① | ② | ③ | ④ |
| (14) | ① | ② | ③ | ④ |
| (15) | ① | ② | ③ | ④ |

（問題番号 1）

| 解　答　欄 | 問題番号 | 1 | 2 | 3 | 4 |
|---|---|---|---|---|---|
| 2 | (16) | ① | ② | ③ | ④ |
| | (17) | ① | ② | ③ | ④ |
| | (18) | ① | ② | ③ | ④ |
| | (19) | ① | ② | ③ | ④ |
| | (20) | ① | ② | ③ | ④ |
| 3 | (21) | ① | ② | ③ | ④ |
| | (22) | ① | ② | ③ | ④ |
| | (23) | ① | ② | ③ | ④ |
| | (24) | ① | ② | ③ | ④ |
| | (25) | ① | ② | ③ | ④ |

| リスニング解答欄 | 問題番号 | 1 | 2 | 3 | 4 |
|---|---|---|---|---|---|
| | 例題 | ① | ② | ● | |
| 第1部 | No. 1 | ① | ② | ③ | |
| | No. 2 | ① | ② | ③ | |
| | No. 3 | ① | ② | ③ | |
| | No. 4 | ① | ② | ③ | |
| | No. 5 | ① | ② | ③ | |
| | No. 6 | ① | ② | ③ | |
| | No. 7 | ① | ② | ③ | |
| | No. 8 | ① | ② | ③ | |
| | No. 9 | ① | ② | ③ | |
| | No. 10 | ① | ② | ③ | |
| 第2部 | No. 11 | ① | ② | ③ | ④ |
| | No. 12 | ① | ② | ③ | ④ |
| | No. 13 | ① | ② | ③ | ④ |
| | No. 14 | ① | ② | ③ | ④ |
| | No. 15 | ① | ② | ③ | ④ |
| 第3部 | No. 16 | ① | ② | ③ | |
| | No. 17 | ① | ② | ③ | |
| | No. 18 | ① | ② | ③ | |
| | No. 19 | ① | ② | ③ | |
| | No. 20 | ① | ② | ③ | |
| | No. 21 | ① | ② | ③ | |
| | No. 22 | ① | ② | ③ | |
| | No. 23 | ① | ② | ③ | |
| | No. 24 | ① | ② | ③ | |
| | No. 25 | ① | ② | ③ | |

2020年度第1回

**Web特典「自動採点サービス」対応
オンラインマークシート**
※検定の回によってQRコードが違います。
※ PC からも利用できます（問題編 P7 参照）。

※実際のマークシートに似せていますが、デザイン・サイズは異なります。

【注意事項】
① 解答にはHBの黒鉛筆（シャープペンシルも可）を使用し、解答を訂正する場合には消しゴムで完全に消してください。
② 解答用紙は絶対に汚したり折り曲げたり、所定以外のところへの記入はしないでください。

③ マーク例

| 良い例 | 悪い例 |
|---|---|
| ● |  |

これ以下の濃さのマークは読めません。

## 解答欄

| 問題番号 | 1 | 2 | 3 | 4 |
|---|---|---|---|---|
| 1 (1) | ① | ② | ③ | ④ |
| (2) | ① | ② | ③ | ④ |
| (3) | ① | ② | ③ | ④ |
| (4) | ① | ② | ③ | ④ |
| (5) | ① | ② | ③ | ④ |
| (6) | ① | ② | ③ | ④ |
| (7) | ① | ② | ③ | ④ |
| (8) | ① | ② | ③ | ④ |
| (9) | ① | ② | ③ | ④ |
| (10) | ① | ② | ③ | ④ |
| (11) | ① | ② | ③ | ④ |
| (12) | ① | ② | ③ | ④ |
| (13) | ① | ② | ③ | ④ |
| (14) | ① | ② | ③ | ④ |
| (15) | ① | ② | ③ | ④ |

## 解答欄

| 問題番号 | 1 | 2 | 3 | 4 |
|---|---|---|---|---|
| 2 (16) | ① | ② | ③ | ④ |
| (17) | ① | ② | ③ | ④ |
| (18) | ① | ② | ③ | ④ |
| (19) | ① | ② | ③ | ④ |
| (20) | ① | ② | ③ | ④ |
| 3 (21) | ① | ② | ③ | ④ |
| (22) | ① | ② | ③ | ④ |
| (23) | ① | ② | ③ | ④ |
| (24) | ① | ② | ③ | ④ |
| (25) | ① | ② | ③ | ④ |

## リスニング解答欄

| 問題番号 | 1 | 2 | 3 | 4 |
|---|---|---|---|---|
| 例題 | ① | ② | ● | |
| 第1部 No. 1 | ① | ② | ③ | |
| No. 2 | ① | ② | ③ | |
| No. 3 | ① | ② | ③ | |
| No. 4 | ① | ② | ③ | |
| No. 5 | ① | ② | ③ | |
| No. 6 | ① | ② | ③ | |
| No. 7 | ① | ② | ③ | |
| No. 8 | ① | ② | ③ | |
| No. 9 | ① | ② | ③ | |
| No. 10 | ① | ② | ③ | |
| 第2部 No. 11 | ① | ② | ③ | ④ |
| No. 12 | ① | ② | ③ | ④ |
| No. 13 | ① | ② | ③ | ④ |
| No. 14 | ① | ② | ③ | ④ |
| No. 15 | ① | ② | ③ | ④ |
| 第3部 No. 16 | ① | ② | ③ | |
| No. 17 | ① | ② | ③ | |
| No. 18 | ① | ② | ③ | |
| No. 19 | ① | ② | ③ | |
| No. 20 | ① | ② | ③ | |
| No. 21 | ① | ② | ③ | |
| No. 22 | ① | ② | ③ | |
| No. 23 | ① | ② | ③ | |
| No. 24 | ① | ② | ③ | |
| No. 25 | ① | ② | ③ | |

2019年度第3回 **Web特典「自動採点サービス」対応 オンラインマークシート**
※検定の回によってQRコードが違います。
※ PC からも利用できます（問題編 P7 参照）。

※実際のマークシートに似せていますが、デザイン・サイズは異なります。

切り取り線

# 2019年度第2回　英検5級　解答用紙

## 解　答　欄

| 問題番号 | 1 | 2 | 3 | 4 |
|---|---|---|---|---|
| **1** (1) | ① | ② | ③ | ④ |
| (2) | ① | ② | ③ | ④ |
| (3) | ① | ② | ③ | ④ |
| (4) | ① | ② | ③ | ④ |
| (5) | ① | ② | ③ | ④ |
| (6) | ① | ② | ③ | ④ |
| (7) | ① | ② | ③ | ④ |
| (8) | ① | ② | ③ | ④ |
| (9) | ① | ② | ③ | ④ |
| (10) | ① | ② | ③ | ④ |
| (11) | ① | ② | ③ | ④ |
| (12) | ① | ② | ③ | ④ |
| (13) | ① | ② | ③ | ④ |
| (14) | ① | ② | ③ | ④ |
| (15) | ① | ② | ③ | ④ |

## 解　答　欄

| 問題番号 | 1 | 2 | 3 | 4 |
|---|---|---|---|---|
| **2** (16) | ① | ② | ③ | ④ |
| (17) | ① | ② | ③ | ④ |
| (18) | ① | ② | ③ | ④ |
| (19) | ① | ② | ③ | ④ |
| (20) | ① | ② | ③ | ④ |
| **3** (21) | ① | ② | ③ | ④ |
| (22) | ① | ② | ③ | ④ |
| (23) | ① | ② | ③ | ④ |
| (24) | ① | ② | ③ | ④ |
| (25) | ① | ② | ③ | ④ |

## リスニング解答欄

| 問題番号 | 1 | 2 | 3 | 4 |
|---|---|---|---|---|
| 例題 | ① | ② | ● | |
| **第1部** No. 1 | ① | ② | ③ | |
| No. 2 | ① | ② | ③ | |
| No. 3 | ① | ② | ③ | |
| No. 4 | ① | ② | ③ | |
| No. 5 | ① | ② | ③ | |
| No. 6 | ① | ② | ③ | |
| No. 7 | ① | ② | ③ | |
| No. 8 | ① | ② | ③ | |
| No. 9 | ① | ② | ③ | |
| No. 10 | ① | ② | ③ | |
| **第2部** No. 11 | ① | ② | ③ | ④ |
| No. 12 | ① | ② | ③ | ④ |
| No. 13 | ① | ② | ③ | ④ |
| No. 14 | ① | ② | ③ | ④ |
| No. 15 | ① | ② | ③ | ④ |
| **第3部** No. 16 | ① | ② | ③ | |
| No. 17 | ① | ② | ③ | |
| No. 18 | ① | ② | ③ | |
| No. 19 | ① | ② | ③ | |
| No. 20 | ① | ② | ③ | |
| No. 21 | ① | ② | ③ | |
| No. 22 | ① | ② | ③ | |
| No. 23 | ① | ② | ③ | |
| No. 24 | ① | ② | ③ | |
| No. 25 | ① | ② | ③ | |

※実際のマークシートに似せていますが、デザイン・サイズは異なります。

切り取り線

## 2019年度第1回　英検5級　解答用紙

【注意事項】
①解答にはHBの黒鉛筆（シャープペンシルも可）を使用し、解答を訂正する場合には消しゴムで完全に消してください。
②解答用紙は絶対に汚したり折り曲げたり、所定以外のところへの記入はしないでください。

③マーク例

| 良い例 | 悪い例 |
|---|---|
| ● | ⦿ ⊗ ◖ |

これ以下の濃さのマークは読めません。

### 解　答　欄

| 問題番号 | | 1 | 2 | 3 | 4 |
|---|---|---|---|---|---|
| | (1) | ① | ② | ③ | ④ |
| | (2) | ① | ② | ③ | ④ |
| | (3) | ① | ② | ③ | ④ |
| | (4) | ① | ② | ③ | ④ |
| | (5) | ① | ② | ③ | ④ |
| | (6) | ① | ② | ③ | ④ |
| | (7) | ① | ② | ③ | ④ |
| 1 | (8) | ① | ② | ③ | ④ |
| | (9) | ① | ② | ③ | ④ |
| | (10) | ① | ② | ③ | ④ |
| | (11) | ① | ② | ③ | ④ |
| | (12) | ① | ② | ③ | ④ |
| | (13) | ① | ② | ③ | ④ |
| | (14) | ① | ② | ③ | ④ |
| | (15) | ① | ② | ③ | ④ |

### 解　答　欄

| 問題番号 | | 1 | 2 | 3 | 4 |
|---|---|---|---|---|---|
| | (16) | ① | ② | ③ | ④ |
| | (17) | ① | ② | ③ | ④ |
| 2 | (18) | ① | ② | ③ | ④ |
| | (19) | ① | ② | ③ | ④ |
| | (20) | ① | ② | ③ | ④ |
| | (21) | ① | ② | ③ | ④ |
| | (22) | ① | ② | ③ | ④ |
| 3 | (23) | ① | ② | ③ | ④ |
| | (24) | ① | ② | ③ | ④ |
| | (25) | ① | ② | ③ | ④ |

### リスニング解答欄

| 問題番号 | | 1 | 2 | 3 | 4 |
|---|---|---|---|---|---|
| | 例題 | ① | ② | ● | |
| | No. 1 | ① | ② | ③ | |
| | No. 2 | ① | ② | ③ | |
| | No. 3 | ① | ② | ③ | |
| 第 | No. 4 | ① | ② | ③ | |
| 1 | No. 5 | ① | ② | ③ | |
| 部 | No. 6 | ① | ② | ③ | |
| | No. 7 | ① | ② | ③ | |
| | No. 8 | ① | ② | ③ | |
| | No. 9 | ① | ② | ③ | |
| | No. 10 | ① | ② | ③ | |
| 第 | No. 11 | ① | ② | ③ | ④ |
| 2 | No. 12 | ① | ② | ③ | ④ |
| 部 | No. 13 | ① | ② | ③ | ④ |
| | No. 14 | ① | ② | ③ | ④ |
| | No. 15 | ① | ② | ③ | ④ |
| | No. 16 | ① | ② | ③ | |
| | No. 17 | ① | ② | ③ | |
| | No. 18 | ① | ② | ③ | |
| 第 | No. 19 | ① | ② | ③ | |
| 3 | No. 20 | ① | ② | ③ | |
| 部 | No. 21 | ① | ② | ③ | |
| | No. 22 | ① | ② | ③ | |
| | No. 23 | ① | ② | ③ | |
| | No. 24 | ① | ② | ③ | |
| | No. 25 | ① | ② | ③ | |

2019年度第1回
**Web特典「自動採点サービス」対応オンラインマークシート**
※検定の回によってQRコードが違います。
※PCからも利用できます（問題編 P7 参照）。

※実際のマークシートに似せていますが、デザイン・サイズは異なります。

## 2018年度第3回　英検5級　解答用紙

【注意事項】
① 解答にはHBの黒鉛筆（シャープペンシルも可）を使用し、解答を訂正する場合には消しゴムで完全に消してください。
② 解答用紙は絶対に汚したり折り曲げたり、所定以外のところへの記入はしないでください。

③ マーク例

| 良い例 | 悪い例 |
|---|---|
| ● | ◐ ✕ ◑ |

 これ以下の濃さのマークは読めません。

| 解　答　欄 | | | | |
|---|---|---|---|---|
| 問題番号 | 1 | 2 | 3 | 4 |
| **1** (1) | ① | ② | ③ | ④ |
| (2) | ① | ② | ③ | ④ |
| (3) | ① | ② | ③ | ④ |
| (4) | ① | ② | ③ | ④ |
| (5) | ① | ② | ③ | ④ |
| (6) | ① | ② | ③ | ④ |
| (7) | ① | ② | ③ | ④ |
| (8) | ① | ② | ③ | ④ |
| (9) | ① | ② | ③ | ④ |
| (10) | ① | ② | ③ | ④ |
| (11) | ① | ② | ③ | ④ |
| (12) | ① | ② | ③ | ④ |
| (13) | ① | ② | ③ | ④ |
| (14) | ① | ② | ③ | ④ |
| (15) | ① | ② | ③ | ④ |

| 解　答　欄 | | | | |
|---|---|---|---|---|
| 問題番号 | 1 | 2 | 3 | 4 |
| **2** (16) | ① | ② | ③ | ④ |
| (17) | ① | ② | ③ | ④ |
| (18) | ① | ② | ③ | ④ |
| (19) | ① | ② | ③ | ④ |
| (20) | ① | ② | ③ | ④ |
| **3** (21) | ① | ② | ③ | ④ |
| (22) | ① | ② | ③ | ④ |
| (23) | ① | ② | ③ | ④ |
| (24) | ① | ② | ③ | ④ |
| (25) | ① | ② | ③ | ④ |

| リスニング解答欄 | | | | |
|---|---|---|---|---|
| 問題番号 | 1 | 2 | 3 | 4 |
| 例題 | ① | ② | ● | |
| **第1部** No. 1 | ① | ② | ③ | |
| No. 2 | ① | ② | ③ | |
| No. 3 | ① | ② | ③ | |
| No. 4 | ① | ② | ③ | |
| No. 5 | ① | ② | ③ | |
| No. 6 | ① | ② | ③ | |
| No. 7 | ① | ② | ③ | |
| No. 8 | ① | ② | ③ | |
| No. 9 | ① | ② | ③ | |
| No. 10 | ① | ② | ③ | |
| **第2部** No. 11 | ① | ② | ③ | ④ |
| No. 12 | ① | ② | ③ | ④ |
| No. 13 | ① | ② | ③ | ④ |
| No. 14 | ① | ② | ③ | ④ |
| No. 15 | ① | ② | ③ | ④ |
| **第3部** No. 16 | ① | ② | ③ | |
| No. 17 | ① | ② | ③ | |
| No. 18 | ① | ② | ③ | |
| No. 19 | ① | ② | ③ | |
| No. 20 | ① | ② | ③ | |
| No. 21 | ① | ② | ③ | |
| No. 22 | ① | ② | ③ | |
| No. 23 | ① | ② | ③ | |
| No. 24 | ① | ② | ③ | |
| No. 25 | ① | ② | ③ | |

2018年度第3回

**Web特典「自動採点サービス」対応オンラインマークシート**
※検定の回によってQRコードが違います。
※ PC からも利用できます（問題編 P7 参照）。

※実際のマークシートに似せていますが、デザイン・サイズは異なります。

# Introduction

## はじめに

実用英語技能検定（英検®）は，年間受験者数 390 万人（英検 IBA，英検 Jr. との総数）の小学生から社会人まで，幅広い層が受験する国内最大級の資格試験で，1963 年の第 1 回検定からの累計では 1 億人を超える人々が受験しています。英検®は，コミュニケーションに欠かすことのできない技能をバランスよく測定することを目的としており，英検®の受験によってご自身の英語力を把握することができます。

この『全問題集シリーズ』は，英語を学ぶ皆さまを応援する気持ちを込めて刊行されました。本書は，2020 年度第 2 回検定を含む 6 回分の過去問を，日本語訳や詳しい解説とともに収録しています。

本書が皆さまの英検合格の足がかりとなり，さらには国際社会で活躍できるような生きた英語を身につけるきっかけとなることを願っています。

最後に，本書を刊行するにあたり，多大なご尽力をいただきました田園調布雙葉小学校非常勤講師 相田眞喜子先生と桐朋中学校・高等学校 田中敦英先生に深く感謝の意を表します。

2021年　春

執　　筆：［2020年度第2回］田中敦英（桐朋中学校・高等学校），
　　　　　［2020年度第1回〜2018年度第3回］相田眞喜子（田園調布雙葉小学校非常勤講師）
編集協力：株式会社 エディット，山下鉄也
録　　音：ユニバ合同会社
デザイン：林 慎一郎（及川真咲デザイン事務所）
イラスト：鹿又きょうこ（口絵 英検受験の流れ）
　　　　　瀬々倉匠美子（Web特典 予想問題）
組版・データ作成協力：幸和印刷株式会社

# 本書の使い方

ここでは，本書の過去問および特典についての活用法の一例を紹介します。

## 本書の内容

| 過去問<br>6回分 | 英検<br>インフォ<br>メーション<br>（P8-11） | 英検5級の試験<br>形式とポイント<br>（P12-15） | Web特典<br>（P6-7） |
|---|---|---|---|

## 本書の使い方

**一次試験対策**

### 情報収集・傾向把握
・英検インフォメーション
・英検5級の試験形式とポイント
・【Web特典】
　個人情報の書き方
　英検5級でよく出る英単語

### 過去問にチャレンジ
・2020年度第2回
・2020年度第1回
・2019年度第3回
・2019年度第2回
・2019年度第1回
・2018年度第3回
※【Web特典】自動採点サービスの活用

### 予想問題にチャレンジ
・【Web特典】
　スピーキングテスト予想問題／解答例

**スピーキングテスト**

## 過去問の取り組み方

**1セット目**

### 【実力把握モード】
本番の試験と同じように，制限時間を設けて取り組みましょう。どの問題形式に時間がかかりすぎているか，正答率が低いかなど，今のあなたの実力をつかみ，学習に生かしましょう。
「自動採点サービス」を活用して，答え合わせをスムーズに行いましょう。

**2〜5セット目**

### 【学習モード】
制限時間をなくし，解けるまで取り組みましょう。
リスニングは音声を繰り返し聞いて解答を導き出してもかまいません。すべての問題に正解できるまで見直します。

**6セット目**

### 【仕上げモード】
試験直前の仕上げに利用しましょう。時間を計って本番のつもりで取り組みます。
これまでに取り組んだ6セットの過去問で間違えた問題の解説を本番試験の前にもう一度見直しましょう。

# 音声について

## 収録内容

一次試験・リスニングの音声を聞くことができます。本書とともに使い，効果的なリスニング対策をしましょう。

【特長】
リスニング

| | |
|---|---|
| 本番の試験の音声を収録 ➡ | スピードをつかめる！ |
| 解答時間は本番通り10秒間 ➡ | 解答時間に慣れる！ |
| 収録されている英文は，別冊解答に掲載 ➡ | 聞き取れない箇所を確認できる！ |

## 3つの方法で音声が聞けます！

① 公式アプリ（iOS/Android）でお手軽再生

［ご利用方法］

① 「英語の友」公式サイトより，アプリをインストール（上のQRコードから読み込めます）

URL：https://eigonotomo.com/　　英語の友　🔍

② アプリ内のライブラリよりご購入いただいた書籍を選び，「追加」ボタンを押してください

③ パスワードを入力すると，音声がダウンロードできます

［パスワード：asirms］　※すべて半角アルファベット小文字

※本アプリの機能の一部は有料ですが，本書の音声は無料でお聞きいただけます。
※詳しいご利用方法は「英語の友」公式サイト，あるいはアプリ内のヘルプをご参照ください。
※2021年2月22日から2022年8月31日までご利用いただけます。
※本サービスは，上記ご利用期間内でも予告なく終了することがあります。

## ② パソコンで音声データダウンロード（MP3）

［ご利用方法］

### ①Web特典にアクセス
詳細は，P6をご覧ください。

### ②「一次試験音声データダウンロード」から聞きたい検定の回を選択してダウンロード

※音声ファイルはzip形式にまとめられた形でダウンロードされます。
※音声の再生にはMP3を再生できる機器などが必要です。ご使用機器，音声再生ソフト等に関する技術的なご質問は，ハードメーカーもしくはソフトメーカーにお願いいたします。

## ③スマホ・タブレットでストリーミング再生

［ご利用方法］

### ①自動採点サービスにアクセス（上のQRコードから読み込めます）
詳細は，P7をご覧ください。

### ②聞きたい検定の回を選び，リスニングテストの音声再生ボタンを押す

※音声再生中に音声を止めたい場合は，停止ボタンを押してください。
※個別に問題を再生したい場合は，問題番号を選んでから再生ボタンを押してください。
※音声の再生には多くの通信量が必要となりますので，Wi-Fi環境でのご利用をおすすめいたします。

---

**CDをご希望の方は，別売「2021年度版英検5級過去6回全問題集CD」（本体価格1,050円＋税）をご利用ください。**

持ち運びに便利な小冊子とCD2枚付き。CDプレーヤーで通して聞くと，本番と同じような環境で練習できます。
※収録箇所は，本書で **CD 1 1** ～ **11** のように表示しています。

# Web特典について

購入者限定の「Web特典」を，みなさんの英検合格にお役立てください。

| ご利用可能期間 | 2021年2月22日〜2022年8月31日 | |
|---|---|---|
| | ※本サービスは予告なく変更，終了することがあります。 | |
| アクセス方法 | スマートフォンタブレット | 右のQRコードを読み込むと，パスワードなしでアクセスできます！ |
| | PC スマートフォン タブレット 共通 | 1. Web特典（以下のURL）にアクセスします。<br>https://eiken.obunsha.co.jp/5q/<br>2. 本書を選択し，以下のパスワードを入力します。<br>**asirms** ※すべて半角アルファベット小文字 |

## ＜特典内容＞

**(1) 自動採点サービス**

リーディング（筆記1〜3），リスニング（第1部〜第3部）の自動採点ができます。詳細はP7を参照してください。

**(2) 解答用紙**

本番にそっくりの解答用紙が印刷できるので，何度でも過去問にチャレンジできます。

**(3) 音声データのダウンロード**

一次試験リスニングの音声データ（MP3）を無料でダウンロードできます。

**(4) 英検5級でよく出る英単語**

英検5級でよく出る英単語をリズムに乗せて学習できる音声と，その収録内容が掲載されたPDFファイルのセットです。「曜日」「月」「疑問詞」の25の単語を収録しています。

**(5) スピーキングテスト**

Web上でスピーキングテストの予想問題を体験することができます。

# 自動採点サービスの利用方法

正答率や合格ラインとの距離，間違えた問題などの確認ができるサービスです。

| ご利用可能期間 | **2021年2月22日～2022年8月31日**<br>※本サービスは予告なく変更，終了することがあります。 | |
|---|---|---|
| アクセス方法 | スマートフォン<br>タブレット | 右のQRコードを読み込んでアクセスし，採点する検定の回を選択してください。 |
| | PC<br>スマートフォン<br>タブレット<br>共通 | P6の手順で「Web特典」にアクセスし，「自動採点サービスを使う」を選択してご利用ください。 |

## ＜利用方法＞

① オンラインマークシートにアクセスします。
② 「問題をはじめる」ボタンを押して試験を始めます。
③ 「答え合わせ」ボタンを選択します。
④ 【あなたの成績】（右画面）が表示されます。

## ＜採点結果の見方＞

タブの選択で【あなたの成績】と【問題ごとの正誤】が切り替えられます。

### 【あなたの成績】

Ⓐ 技能ごとの正答率が表示されます。5級の合格の目安，正答率60％を目指しましょう。
Ⓑ 大問ごとの正答率が表示されます。合格ラインを下回る大問は，対策に力を入れましょう。
Ⓒ 採点サービス利用者の中でのあなたの現在位置が示されます。

### 【問題ごとの正誤】

各問題のあなたの解答と正解が表示されます。間違っている問題については色で示されますので，別冊解答の解説を見直しましょう。

＜採点結果画面＞　　切り替えタブ

※画像はイメージです。

# 英検®Information インフォメーション

> **英検5級について**

5級では，「**初歩的な英語を理解することができ，またそれを使って表現する**」ことが求められます。
一次試験（筆記・リスニング）に加え，スピーキングテストも受験できます。
目安としては「中学初級程度」です。

## 試験内容

| 主な場面・状況 | 家庭・学校・地域（各種店舗・公共施設を含む）・電話など |
|---|---|
| 主な話題 | 家族・友達・学校・趣味・旅行・買い物・スポーツ・映画・音楽・食事・天気・道案内・自己紹介・休日の予定・近況報告など |

### 🖊 筆記 ⏱ 25分

| 問題 | 形式・課題詳細 | 問題数 | 満点スコア |
|---|---|---|---|
| 1 | 短文の空所に文脈に合う適切な語句を補う。 | 15問 | |
| 2 | 会話文の空所に適切な文や語句を補う。 | 5問 | 425 |
| 3 | 日本文を読み，その意味に合うように与えられた語句を並べ替える。 | 5問 | |

### 🔊 リスニング ⏱ 約20分 放送回数は2回

| 問題 | 形式・課題詳細 | 問題数 | 満点スコア |
|---|---|---|---|
| 第1部 | 会話の最後の発話に対する応答として最も適切なものを補う。（補助イラスト付き） | 10問 | |
| 第2部 | 会話の内容に関する質問に答える。 | 5問 | 425 |
| 第3部 | 短文を聞いて，イラストの動作や状況を表すものを選ぶ。 | 10問 | |

8

## 💬 スピーキング | ⏱ 約3分 | コンピューター端末を利用した録音型面接

| 問題 | 形式・課題詳細 | 満点スコア |
|---|---|---|
| 音読 | 20語程度のパッセージを読む。 | |
| No.1 No.2 | 音読したパッセージの内容についての質問に答える。 | 425 |
| No.3 | 日常生活の身近な事柄についての質問に答える。（カードのトピックに直接関連しない内容も含む） | |

※一次試験（筆記・リスニング）の合否に関係なく，申込者全員が受験できます。
※コンピューター端末を利用した録音形式です。
※受験日の指定はなく，有効期間は約1年間です。期間内に1度だけ受験できます。
※級認定は従来どおり，一次試験（筆記・リスニング）の結果のみで合否を判定します。スピーキングテストの結果は，これまでの級認定とは別に合格者に「スピーキングテスト合格」として認定されます。

✉ 英検協会スタッフからの応援メッセージ

People in many countries speak English. If you learn English, then you can make new friends. The EIKEN tests will help you. Practice and do your best!

たくさんの国の人々が英語を話します。英語を学べば，新しい友達をつくることができます。「英検」はみなさんの手助けになるでしょう。勉強して，ベストを尽くしてください！

統計的に算出される英検CSEスコアに基づいて合否判定されます。Reading, Listening, Writing, Speakingの4技能が均等に評価され, 合格基準スコアは固定されています。

## ▶▶ 技能別にスコアが算出される!

| 技能 | 試験形式 | 満点スコア | 合格基準スコア |
|---|---|---|---|
| Reading（読む） | 一次試験（筆記） | 425 | 419 |
| Listening（聞く） | 一次試験（リスニング） | 425 | |
| Writing（書く） | ※5級では測定されません | – | |
| Speaking（話す） | スピーキングテスト | 425 | 266 |

● ReadingとListeningの技能別にスコアが算出され, それを合算して判定されます。
● Speakingは, 級の合否とは関係なく受験でき, スピーキングテスト単体で合否判定されます。

## ▶▶ 合格するためには, 技能のバランスが重要!

英検CSEスコアでは, 技能ごとに問題数は異なりますが, スコアを均等に配分しているため, 各技能のバランスが重要となります。なお, 正答数の目安を提示することはできませんが, 2016年度第1回一次試験では, 1級, 準1級は各技能での正答率が7割程度, 2級以下は各技能6割程度の正答率の受験者の多くが合格されています。

## ▶▶ 英検CSEスコアは国際標準規格CEFRにも対応している!

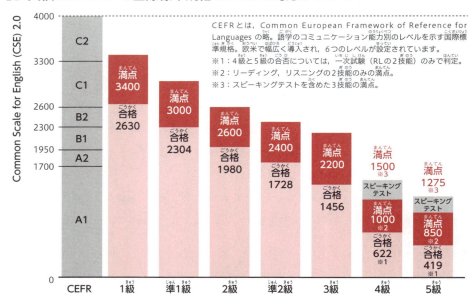

CEFRとは, Common European Framework of Reference for Languagesの略。語学のコミュニケーション能力別のレベルを示す国際標準規格。欧米で幅広く導入され, 6つのレベルが設定されています。
※1：4級と5級の合否については, 一次試験（RLの2技能）のみで判定。
※2：リーディング, リスニングの2技能のみの満点。
※3：スピーキングテストを含めた3技能の満点。

# 2021年度 受験情報

※「本会場」以外の実施方式については，試験日程・申込方法・検定料が異なりますので，英検ウェブサイトをご覧ください。
※ 受験情報は変更になる場合があります。

## ◉ 2021年度 試験日程

| 第1回 | 第2回 | 第3回 |
|---|---|---|
|  3月25日 ▶ 4月15日 |  8月1日 ▶ 8月27日 |  11月1日 ▶ 12月10日 |
|  5月30日 日 |  10月10日 日 |  1月23日 日 2022年 |

| スピーキングテスト | 受験日の指定はなく，有効期間は申し込んだ回次の一次試験合否閲覧日から約1年間です。期間内に1度だけ受験できます。 |
|---|---|

## ◉ 申込方法

|  団体受験 | 学校や塾などで申し込みをする団体受験もあります。詳しくは先生にお尋ねください。 |
|---|---|
| 個人受験 | インターネット申込・コンビニ申込・英検特約書店申込のいずれかの方法で申し込みができます。詳しくは英検ウェブサイトをご覧ください。 |

## ◉ 検定料

2021年度の検定料については英検ウェブサイトをご覧ください。

---

お問い合わせ先

| 英検サービスセンター | 英検ウェブサイト |
|---|---|
| TEL. 03-3266-8311 | www.eiken.or.jp/eiken/ |
| （月）〜（金）9：30〜17：00（祝日・年末年始を除く） | 試験についての詳しい情報を見たり，入試等で英検を活用している学校の検索をすることができます。 |

# 英検®5級の試験形式とポイント

2020年度第1回検定と第2回検定を分析し，出題傾向と攻略ポイントをまとめました。5級の合格に必要な正答率は6割程度と予測されます。正答率が6割を切った大問は苦手な分野だと考えて，重点的に対策をとりましょう。

## 一次試験 筆記 (25分)

| **1** | **適切な語句を選ぶ問題** | 問題数 **15問** | 目標時間 **10分** |
|---|---|---|---|

短文または会話文の空所に入れるのに最も適切な語句を，4つの選択肢から選びます。単語が7問，熟語が5問，文法が3問出題されることが多いです。

---

(1) *A:* Paul, what do you need for school?

　　*B:* I need new pens and a (　　　　), Mom.

　　**1** bench　　**2** coin　　**3** notebook　　**4** week　　（2020年度第2回）

---

**攻略ポイント**　空所前後の語句とのつながりに注意して，文の意味が通じるか判断します。よく出題される単語，熟語や定型表現はしっかりとおさえておきましょう。文法は，代名詞・疑問詞・動詞の形などがよく出題されます。使い分けをきちんと覚えておきましょう。

| **2** | **適切な会話表現を選ぶ問題** | 問題数 **5問** | 目標時間 **7分** |
|---|---|---|---|

会話文の空所に入れるのに最も適切な文や語句を，4つの選択肢から選びます。日常会話でよく使われる表現が問われます。

---

(16) *Grandfather:* Happy birthday, Mary. (　　　　)

　　　　　*Girl:* Thank you, Grandpa.

　　**1** That's her cake.　　　　　**2** I'm sorry.

　　**3** This present is for you.　　**4** It's rainy.　　（2020年度第2回）

---

**攻略ポイント**　会話の場面を想像しながら，空所のあるほうの話者になったつもりで会話を読み，応答が自然に成り立つ発話を考えましょう。疑問文への答え方や，会話の定型表現の使い方をしっかりと覚えておきましょう。

12

| **3** | 語句を正しく並べかえる問題 | 問題数 **5**問 | 目標時間 **8**分 |

日本文の意味を表すように①〜④の語句を並べかえて英文を完成させ、1番目と3番目にくる組合せの番号を4つの選択肢から選びます。

---

**(21)** きょうは何曜日ですか。

(① what　② of　③ day　④ the week)

[  1番目  ] [    ] [  3番目  ] [    ] is it today?

**1** ② - ③　　**2** ① - ②　　**3** ③ - ①　　**4** ④ - ③

(2020年度第2回)

---

**攻略ポイント** 肯定文・疑問文・否定文・命令文それぞれの語順をしっかり理解しておきましょう。主語と動詞の位置や疑問詞の位置、否定語の not の入る位置などに注意しましょう。every day「毎日」、after school「放課後に」などが入る位置もきちんと覚えておきましょう。英文を頭の中で言いながら、4つの □ に番号を記入してから解答するとよいです。

🔊 **一次試験　リスニング（約20分）**

| **第1部** | 会話を完成させる問題 | 問題数 **10**問 | 放送回数 **2**回 |

イラストを見ながら英文を聞き、その文に対する応答として最もふさわしいものを、放送される3つの選択肢から選びます。

**問題冊子**　　　　　　　　　　　　　**放送文**

**No. 1**

Does your sister play the piano?
**1** She's eleven.
**2** Yes, every day.
**3** It's in her room.

(2020年度第2回)

---

**攻略ポイント** さまざまな疑問文への答え方を問う問題がよく出題されます。What, Who, Whereなどの疑問詞で始まる質問への答え方や、Can you 〜?「〜できますか」などの質問への答え方をきちんと理解しておきましょう。質問文でないときも状況にふさわしい応答を考えます。イラストをよく見て英文を聞くようにしましょう。

会話とその内容に関する質問を聞き，その質問の答えを問題冊子に印刷された4つの選択肢から選びます。

**問題冊子**

**放送文**

**No. 11**

1 On Friday.
2 On Saturday.
3 On Sunday.
4 On Monday.

☆：Peter, can you come to my party on Sunday?

★：Yes, Lisa.　See you then.

**Question:** When is Lisa's party?

(2020年度第2回)

★＝男性，☆＝女性

**攻略ポイント** 英文が流れる前に，選択肢に目を通しておきましょう。第2部にはイラストがないので，呼びかけの名前に注意して，だれとだれが話しているのか理解するようにします。1回目の放送で質問を聞き取り，2回目の放送では，質問の内容を理解したうえで的を絞って会話を聞くとよいでしょう。

| 第3部 | イラストを見て適切な英文を選ぶ問題 | 問題数 10問 | 放送回数 2回 |

イラストを見ながら3つの英文を聞き，その中からイラストの動作や状況を正しく表しているものを選びます。

**問題冊子**

**放送文**

**No. 16**

1　Victoria is using chopsticks.
2　Victoria is using a fork.
3　Victoria is using a knife.

(2020年度第2回)

**攻略ポイント** 時刻や曜日など時を表す表現，長さや重さ，値段など数字で表す表現，天気を表す表現，職業を表す表現，動作を表す表現，場所を表す表現などがよく出題されます。イラストに数字やカレンダーが描かれていたら，その数や日付の言い方を思い浮かべてから聞くようにすると，正確に聞き取る助けとなります。

14

# スピーキングテスト（約3分）　録音形式

パソコンやタブレットなどのコンピューター端末から，インターネット上の受験専用サイトにアクセスして受験します。画面に表示された20語程度の英文とイラストを見て質問に答えます。くわしくは Web 特典のスピーキングテストの予想問題をご覧ください。

## スピーキングテストの流れ

**音読** ················ 画面に表示された英文を黙読した後，音読します。

**No. 1，No. 2** ········ 音読した英文の内容についての質問に答えます。

**No. 3** ················ 受験者自身についての質問に答えます。

**攻略ポイント**　音読は，制限時間内に読み終わるように気をつけて，タイトルからていねいにはっきりと読みましょう。質問には画面上の英文をよく見て答え，何について聞かれているのか，What，Who，How old などの疑問の表現を聞き逃さないようにしましょう。

# 2020-2

## 2020.10.11 実施

試験時間

筆記：25分
リスニング：約20分

Grade 5

| | |
|---|---|
| 筆記 | P18〜24 |
| リスニング | P25〜30 |

＊解答・解説は別冊P5〜22にあります。

**1** 次の(1)から(15)までの(　　　)に入れるのに最も適切なものを
1, 2, 3, 4の中から一つ選び, その番号のマーク欄をぬりつぶし
なさい。

(1) **A:** Paul, what do you need for school?
   **B:** I need new pens and a (　　　), Mom.
   **1** bench　　　　　　**2** coin
   **3** notebook　　　　　**4** week

(2) **A:** Your hat is (　　　). I like it.
   **B:** Thanks.
   **1** pretty　　**2** fast　　**3** cold　　**4** slow

(3) I don't (　　　) dinner on Saturdays. I
   always go to a restaurant with my family.
   **1** put　　**2** sell　　**3** cook　　**4** carry

(4) **A:** Do you like (　　　), Helen?
   **B:** Yes. I like apples.
   **1** fruit　　**2** meat　　**3** bread　　**4** fish

**(5)** *A:* Let's play tennis this afternoon, Alice.

*B:* Sorry.  I have a piano (　　　).

**1** story **2** book **3** chair **4** lesson

**(6)** *A:* Tom, come on!  It's (　　　) for dinner.

*B:* OK, I'm coming.

**1** day **2** noon **3** hour **4** time

**(7)** In summer, I often go swimming in the
(　　　) at school.

**1** classroom **2** door
**3** pool **4** cafeteria

**(8)** This train goes from Nagoya (　　　) Osaka.

**1** about **2** off **3** to **4** down

**(9)** *A:* What do you do in the evening?

*B:* I watch the news (　　　) TV.

**1** on **2** about **3** in **4** from

**(10)** *A:* How (　　　) is this pencil case?

*B:* It's 200 yen.

**1** long **2** much **3** many **4** old

**(11)** **A:** See you, Mom.

**B:** (          ) a good day, Kevin.

**1** Go          **2** Take          **3** Live          **4** Have

**(12)** Lucy's mother comes home around seven every (          ).

**1** noon          **2** hour          **3** today          **4** night

**(13)** I play the piano, but my brother (          ).

**1** don't          **2** doesn't          **3** isn't          **4** aren't

**(14)** Mr. Spencer (          ) English at my school.

**1** teach          **2** teaches          **3** teaching          **4** to teach

**(15)** **A:** (          ) is that young man?

**B:** He's Mr. Brown.

**1** When          **2** Who          **3** Why          **4** How

**2** 次の(16)から(20)までの会話について，（　　）に入れるのに最も適切なものを1, 2, 3, 4の中から一つ選び，その番号のマーク欄をぬりつぶしなさい。

(16) *Grandfather:* Happy birthday, Mary. （　　）

　　　　*Girl:* Thank you, Grandpa.

**1** That's her cake.

**2** I'm sorry.

**3** This present is for you.

**4** It's rainy.

(17) *Boy:* Do you have any pets?

　　*Girl:* Yes, （　　） One dog and two birds.

**1** I have three.　　　**2** it's me.

**3** at eight.　　　**4** you're OK.

(18) *Woman:* Are you a junior high school

　　　　　　student?

　　*Boy:* （　　）

**1** Yes, I am.　　　**2** Good morning.

**3** I use the bus.　　　**4** I like science.

**(19)**   *Sister:* What color is your new bag?
**Brother:** (          )
**1** He's at home.          **2** It's four o'clock.
**3** The room is clean.     **4** It's green.


**(20)** *Boy:* Hi, I'm Ken.  I'm a new student.
**Girl:** (          ) Welcome to our school.
**1** It's fine.             **2** Nice to meet you.
**3** You can go.            **4** I enjoy it.

**3** 次の(21)から(25)までの日本文の意味を表すように①から④までを並べかえて □ の中に入れなさい。そして，1番目と3番目にくるものの最も適切な組合せを1, 2, 3, 4の中から一つ選び，その番号のマーク欄をぬりつぶしなさい。※ただし，（ ）の中では，文のはじめにくる語も小文字になっています。

(21) きょうは何曜日ですか。

（① what ② of ③ day ④ the week）

□(1番目) □ □(3番目) □ is it today?

**1** ② - ③ 　**2** ① - ② 　**3** ③ - ① 　**4** ④ - ③

(22) 私達は私の家でポップコーンを作れます。

（① some popcorn ② we ③ make ④ can）

□(1番目) □ □(3番目) □ at my house.

**1** ④ - ② 　**2** ③ - ② 　**3** ② - ③ 　**4** ① - ③

(23) この部屋で話さないでください。

（① this room ② don't ③ in ④ talk）

Please □(1番目) □ □(3番目) □.

**1** ② - ① 　**2** ② - ③ 　**3** ④ - ③ 　**4** ④ - ②

**(24)** あなたは次の日曜日はひまですか。

（① Sunday　② free　③ next　④ you）

Are ⬚(1番目)⬚⬚(3番目)⬚?

**1** ④ - ③　　**2** ③ - ④　　**3** ② - ①　　**4** ① - ②

**(25)** あなたはどこで勉強しますか。

（① do　② you　③ study　④ where）

⬚(1番目)⬚⬚(3番目)⬚?

**1** ④ - ②　　**2** ③ - ①　　**3** ① - ④　　**4** ② - ③

# ▧リスニング▧

## 5級リスニングテストについて

1　このテストには，第1部から第3部まであります。
　☆英文は二度放送されます。
　第1部：イラストを参考にしながら英文と応答を聞き，最も適
　　　　切な応答を1, 2, 3の中から一つ選びなさい。
　第2部：対話と質問を聞き，その答えとして最も適切なものを1,
　　　　2, 3, 4の中から一つ選びなさい。
　第3部：三つの英文を聞き，その中から絵の内容を最もよく表
　　　　しているものを一つ選びなさい。

2　No. 25のあと，10秒すると試験終了の合図がありますので，筆
　記用具を置いてください。

▧▧▧ 第1部 ▧▧▧▧▧▧▧▧▧　🔊))　▶MP3　▶アプリ　▶CD1 **1**〜**11**

〔例題〕

**No. 1**

**No. 2**

**No. 3**

**No. 4**

**No. 5**

**No. 6**

## No. 7

## No. 8

## No. 9

## No. 10

27

**No. 11**

1 On Friday.
2 On Saturday.
3 On Sunday.
4 On Monday.

**No. 12**

1 13.
2 23.
3 30.
4 33.

**No. 13**

1 Calling her friend.
2 Buying some food.
3 Making breakfast.
4 Cleaning the kitchen.

**No. 14**

1 The boy.
2 The boy's mother.
3 The girl.
4 The girl's mother.

**No. 15**

1 Basketball.
2 Volleyball.
3 Baseball.
4 Softball.

# 第3部 🔊 ▶MP3 ▶アプリ ▶CD1 **18**〜**28**

## No. 16

## No. 17

## No. 18

## No. 19

## No. 20

## No. 21

**No. 22**

**No. 23**

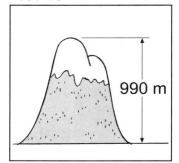

990 m

**No. 24**

**No. 25**

# 2020-1

## 2020.6.28 実施

試験時間

筆記：25分
リスニング：約20分

Grade 5

筆記　　　　　　P32～38
リスニング　　　P39～44

＊解答・解説は別冊P23～40にあります。

# ■筆 記■

**(1)** My friend lives in Brazil.  It's a nice
(　　　　).
**1** drum  　　**2** page  　　**3** country  　**4** chalk

**(2)** *A:* Jane, do you know the (　　　　) of Snow
White?
*B:* Yes, of course.  I love it.
**1** story  　　**2** letter  　　**3** rain  　　**4** clock

**(3)** (　　　　) is the tenth month of the year.
**1** July  　　　　　　　**2** August
**3** September  　　　　**4** October

**(4)** *A:* What do you usually have for (　　　　),
John?
*B:* Two eggs and toast.
**1** breakfast  　　　　　**2** cafeteria
**3** morning  　　　　　**4** sport

32

**(5)** I (       ) this dictionary at home.
     **1** use      **2** know      **3** cook      **4** stop

**(6)** *A:* Do you play tennis, Yoko?
     *B:* Yes. This is my (      ).
     **1** racket      **2** postcard    **3** fork      **4** eraser

**(7)** In winter, I ski in the (      ) with my family.
     **1** rooms                **2** houses
     **3** desks                **4** mountains

**(8)** *A:* Do you want a (      ) of tea?
     *B:* Yes, please.
     **1** table      **2** cup      **3** chair      **4** fork

**(9)** *A:* I like Japanese music. (      ) about
       you?
     *B:* I like it, too.
     **1** Who      **2** What      **3** Where      **4** Which

**(10)** *A:* Let's (      ) camping this summer, Dad.
     *B:* OK, Tom.
     **1** take      **2** cook      **3** go      **4** wash

**(11)** *A:* Bob, let's have pizza for lunch.

**B:** All (          ).

**1** right     **2** little     **3** happy     **4** new

**(12)** Nancy usually (          ) up around seven o'clock.

**1** gets     **2** knows     **3** sees     **4** sleeps

**(13)** *A:* Do you know that woman?

**B:** Yes, I (          ).  She's the new English teacher.

**1** do     **2** is     **3** am     **4** does

**(14)** *A:* What is Jack doing now?

**B:** He (          ) in his room.

**1** sleeping          **2** is sleeping

**3** am sleeping          **4** are sleeping

**(15)** This dictionary isn't (          ).

**1** my     **2** I     **3** yours     **4** she

**2** 次の(16)から(20)までの会話について，（　　　　）に入れるのに最も適切なものを1, 2, 3, 4の中から一つ選び，その番号のマーク欄をぬりつぶしなさい。

(16) *Teacher:* What day is it today?
　　　*Student:* (　　　　　　)
　　　**1** It's Tuesday.　　　　**2** It's February.
　　　**3** It's five o'clock.　　**4** It's sunny.


(17) *Father:* Please don't eat in the car, Beth.
　　　*Girl:* (　　　　　) Dad.
　　　**1** It's not his,　　　　**2** I'm sorry,
　　　**3** See you next time,　**4** I can't cook,


(18) *Girl:* What color is your new phone?
　　　*Boy:* (　　　　　)
　　　**1** It's cold.　　　　**2** It's black.
　　　**3** I'm good.　　　　**4** About $200.


(19)　*Girl:* Can we go shopping today, Dad?
　　　*Father:* (　　　　　)
　　　**1** One, please.　　　**2** Of course.
　　　**3** It's me.　　　　　**4** This year.

**(20)** *Mother:* I can't find the cat, Joe.

      *Boy:* (      ) Mom.

  **1** I'm happy,       **2** That's all,

  **3** She's in my room,   **4** It's tomorrow,

**3** 次の(21)から(25)までの日本文の意味を表すように①から④までを並べかえて □□□ の中に入れなさい。そして，1番目と3番目にくるものの最も適切な組合せを1, 2, 3, 4の中から一つ選び，その番号のマーク欄をぬりつぶしなさい。※ただし，（　）の中では，文のはじめにくる語も小文字になっています。

**(21)** 手伝ってくれてありがとう。

（① thank　② your　③ you　④ for）

1番目 □□□　3番目 □□□　□□□　□□□ help.

**1** ② - ①　　**2** ② - ③　　**3** ③ - ④　　**4** ① - ④

**(22)** 大阪は大都市です。

（① city　② a　③ big　④ is）

Osaka 1番目 □□□　□□□　3番目 □□□　□□□ .

**1** ③ - ①　　**2** ① - ②　　**3** ④ - ③　　**4** ② - ①

**(23)** 自分の部屋へ行って宿題をしなさい。

（① go　② and　③ your room　④ to）

1番目 □□□　□□□　3番目 □□□　□□□ do your homework.

**1** ② - ④　　**2** ① - ④　　**3** ① - ③　　**4** ② - ③

**(24)** 窓(まど)を閉(し)めてくれますか。

(① the window  ② close  ③ can  ④ you)

| 1番目 | | 3番目 | |
|---|---|---|---|
| | | | |

, please?

**1** ③ - ②    **2** ③ - ①    **3** ④ - ①    **4** ④ - ③

**(25)** 私(わたし)の犬(いぬ)は3歳(さい)です。

(① is  ② old  ③ years  ④ three)

My dog

| 1番目 | | 3番目 | |
|---|---|---|---|
| | | | |

.

**1** ① - ③    **2** ② - ①    **3** ③ - ④    **4** ③ - ①

# ■リスニング■

## 5級リスニングテストについて

1 このテストには，第1部から第3部まであります。
　☆英文は二度放送されます。
　第1部：イラストを参考にしながら英文と応答を聞き，最も適
　　　　切な応答を1, 2, 3の中から一つ選びなさい。
　第2部：対話と質問を聞き，その答えとして最も適切なものを1,
　　　　2, 3, 4の中から一つ選びなさい。
　第3部：三つの英文を聞き，その中から絵の内容を最もよく表
　　　　しているものを一つ選びなさい。

2 No. 25のあと，10秒すると試験終了の合図がありますので，筆
記用具を置いてください。

|||| 第1部 |||||||||||  🔊) ▶MP3 ▶アプリ ▶CD1 **29**〜**39**

〔例題〕

**No. 1**

**No. 2**

**No. 3**

**No. 4**

**No. 5**

**No. 6**

## No. 7

## No. 8

## No. 9

## No. 10

**No. 11**

1 To school.
2 To a game.
3 To his house.
4 To the movies.

**No. 12**

1 David's.
2 Peter's.
3 Emma's.
4 Emma's friend's.

**No. 13**

1 $2.00.
2 $2.06.
3 $2.16.
4 $2.60.

**No. 14**

1 She has a guitar lesson.
2 She has a trumpet lesson.
3 She has basketball practice.
4 She has softball practice.

**No. 15**

1 Some jam.
2 Some sugar.
3 Some salt.
4 Some fruit salad.

## No. 16

## No. 17

## No. 18

## No. 19

## No. 20

## No. 21

**No. 22**

**No. 23**

**No. 24**

**No. 25**

# 2019-3

## 2020.1.26 実施

【試験時間】

筆記：25分

リスニング：約20分

Grade 5

筆記　　　　　　P46〜52

リスニング　　　P53〜58

＊解答・解説は別冊P41〜58にあります。

# ■筆 記■

**1** 次の(1)から(15)までの(　　　)に入れるのに最も適切なものを 1, 2, 3, 4の中から一つ選び, その番号のマーク欄をぬりつぶしなさい。

(1) **A:** What color do you like, Sue?
　　**B:** I like (　　　).
　　**1** pink　　**2** tennis　　**3** fish　　**4** ice

(2) **A:** What do you (　　　) with your lunch, Mick?
　　**B:** Tomato juice.
　　**1** wash　　**2** run　　**3** come　　**4** drink

(3) It's very (　　　) in Tokyo this summer.
　　**1** soft　　**2** fast　　**3** hot　　**4** high

(4) **A:** When do you do your homework, Ted?
　　**B:** (　　　) dinner. After dinner, I read a book.
　　**1** Up　　**2** Of　　**3** Before　　**4** On

**(5)** *A:* Let's make sandwiches for lunch, Mom.
**B:** We can't.  We don't have (　　　).
**1** snow　　　**2** rain　　　**3** bread　　　**4** ice

**(6)** *A:* Is this your (　　　) phone, Alice?
**B:** No, Dad.  It's my old one.
**1** new　　　**2** long　　　**3** every　　　**4** all

**(7)** *A:* Do you have any homework today, Becky?
**B:** Yes, science homework.  It's (　　　).
**1** tall　　　**2** slow　　　**3** easy　　　**4** little

**(8)** David is (　　　) to music in his room.
**1** playing　　**2** getting　　**3** seeing　　**4** listening

**(9)** *A:* Welcome (　　　) my house.  Please come in.
**B:** Thank you.
**1** down　　　**2** to　　　**3** over　　　**4** of

**(10)** Jack (　　　) swimming with his brother at the pool every weekend.
**1** goes　　　**2** walks　　　**3** sits　　　**4** speaks

**(11)** *A:* Let's (          ) about summer camp.

    *B:* OK.

    **1** sleep    **2** talk    **3** know    **4** open


**(12)** *A:* How (          ) are these grapes?

    *B:* 400 yen.

    **1** about    **2** much    **3** fast    **4** old


**(13)** *A:* (          ) Lucy play tennis every Saturday?

    *B:* No, she doesn't.

    **1** Am    **2** Are    **3** Do    **4** Does


**(14)** I can (          ) Mt. Fuji from my house.

    **1** see    **2** sees    **3** seeing    **4** saw


**(15)** *A:* (          ) is Janet from?

    *B:* She's from Singapore.

    **1** Why    **2** Who    **3** Whose    **4** Where

**2** 次の(16)から(20)までの会話について，(　　　　)に入れるのに
最も適切なものを1, 2, 3, 4の中から一つ選び，その番号のマー
ク欄をぬりつぶしなさい。

(16) *Girl:* Who is that man?

　　　*Boy:* (　　　　　)

　　1 He's my teacher.　　2 That's it.

　　3 No, it isn't.　　　　4 See you tomorrow.

(17)　　*Boy:* What is the date today?

　　*Mother:* (　　　　)

　　1 I go in July.　　　2 It's five o'clock.

　　3 It's August 1st.　　4 I like spring.

(18) *Boy:* Do you play computer games every day?

　　*Girl:* No, (　　　　)

　　1 in my room.　　　2 only on Sundays.

　　3 I'm not.　　　　　4 this is yours.

(19) *Girl:* Which notebook is yours?

　　　*Boy:* (　　　　)

　　1 Yes, I can.　　　2 It's 100 yen.

　　3 That's right.　　4 The black one.

49

**(20)**   *Girl:* How are you today, Mrs. Conlin?
*Woman:* (          ) thank you.

1 It's mine,        2 Tomorrow,
3 My friend,        4 I'm fine,

次の(21)から(25)までの日本文の意味を表すように①から④までを並べかえて ☐ の中に入れなさい。そして，1番目と3番目にくるものの最も適切な組合せを1, 2, 3, 4の中から一つ選び，その番号のマーク欄をぬりつぶしなさい。※ただし，（ ）の中では，文のはじめにくる語も小文字になっています。

**3**

**(21)** あなたは CD を何枚買えますか。

（① many ② CDs ③ how ④ can）

☐ ☐ ☐ ☐ you buy?

1番目 ☐ 　3番目 ☐

**1** ③ - ② 　**2** ④ - ③ 　**3** ② - ④ 　**4** ① - ②

**(22)** 子供たちは公園にいますか。

（① at ② the children ③ the park ④ are）

☐ ☐ ☐ ☐?

1番目 ☐ 　3番目 ☐

**1** ① - ④ 　**2** ② - ③ 　**3** ③ - ② 　**4** ④ - ①

**(23)** アンとトムはお父さんとテニスをしています。

（① are ② Tom ③ playing ④ tennis）

Ann and ☐ ☐ ☐ with their father.

1番目 ☐ 　3番目 ☐

**1** ① - ③ 　**2** ① - ④ 　**3** ② - ③ 　**4** ② - ④

**(24)** 私の姉は毎日お皿を洗います。

(① the dishes   ② my   ③ washes   ④ sister)

| 1番目 | | 3番目 | |
|---|---|---|---|
|  |  |  |  | every day.

**1** ③ - ②     **2** ④ - ③     **3** ① - ④     **4** ② - ③

**(25)** サラ，朝食の時間ですよ。

(① time   ② it's   ③ breakfast   ④ for)

Sarah, | 1番目 | | 3番目 | |
|---|---|---|---|

**1** ① - ③     **2** ② - ④     **3** ④ - ①     **4** ③ - ②

# ■リスニング■

## 5級リスニングテストについて

1 このテストは, 第1部から第3部まであります。
　☆英文は二度放送されます。
　第1部：イラストを参考にしながら英文と応答を聞き, 最も適切な応答を1, 2, 3の中から一つ選びなさい。
　第2部：対話と質問を聞き, その答えとして最も適切なものを1, 2, 3, 4の中から一つ選びなさい。
　第3部：三つの英文を聞き, その中から絵の内容を最もよく表しているものを一つ選びなさい。

2 No. 25のあと, 10秒すると試験終了の合図がありますので, 筆記用具を置いてください。

━━ 第1部 ━━━━━━　◀)) ▶MP3 ▶アプリ ▶CD1 57〜67

〔例題〕

**No. 1**

**No. 2**

**No. 3**

**No. 4**

**No. 5**

**No. 6**

## No. 7

## No. 8

## No. 9

## No. 10

**No. 11**　　1 She takes a bus.
　　　　　　2 She goes by bike.
　　　　　　3 She takes a train.
　　　　　　4 She goes with her mother.

**No. 12**　　1 On his bed.
　　　　　　2 Under his desk.
　　　　　　3 In the kitchen.
　　　　　　4 At school.

**No. 13**　　1 Eating a cake.
　　　　　　2 Having a party.
　　　　　　3 Making cookies.
　　　　　　4 Going to school.

**No. 14**　　1 Every November.
　　　　　　2 Every December.
　　　　　　3 Every January.
　　　　　　4 Every February.

**No. 15**　　1 A textbook.
　　　　　　2 A letter.
　　　　　　3 An e-mail.
　　　　　　4 A magazine.

## No. 16

## No. 17

## No. 18

## No. 19

## No. 20

## No. 21

**No. 22**

**No. 23**

**No. 24**

**No. 25**

# 2019-2

## 2019.10.6実施

【試験時間】

筆記：25分

リスニング：約20分

Grade 5

| | |
|---|---|
| 筆記 | P60〜66 |
| リスニング | P67〜72 |

＊解答・解説は別冊P59〜76にあります。

(1) *A:* How do you go to school, Jason?

*B:* I go ( ) train.

**1** with **2** of **3** by **4** on

(2) *A:* What ( ) do you like?

*B:* I like green.

**1** year **2** song **3** color **4** movie

(3) *A:* Where is Mike?

*B:* He is playing baseball at the ( ).

**1** time **2** park **3** face **4** world

(4) It's sunny today. I ( ) a hat.

**1** need **2** open **3** study **4** write

**(5)** **A:** Do you have your bag, Steve?

**B:** Yes.  It's (　　　) the desk.

**1** about　　　**2** to　　　　**3** among　　**4** under

**(6)** This cap is too big.  I want a (　　　) one.

**1** tall　　　**2** busy　　**3** high　　**4** small

**(7)** **A:** Do you like (　　　)?

**B:** Yes, I like cats and dogs.

**1** games　　　　　　　**2** dictionaries

**3** birds　　　　　　　**4** animals

**(8)** **A:** Let's (　　　) shopping at the department store, Tina.

**B:** OK.

**1** have　　　**2** go　　**3** walk　　**4** speak

**(9)** **A:** Excuse (　　　).  Where is the library?

**B:** It's over there.

**1** him　　　**2** me　　**3** her　　**4** them

**(10)** *A:* Do you like grapes, Jimmy?

     *B:* No, I don't.  How (　　　　) you, Ann?

     *A:* I love them.

     **1** down     **2** up     **3** about     **4** of


**(11)** *A:* Where is Mike?

     *B:* He's sleeping in (　　　　).

     **1** week     **2** year     **3** noon     **4** bed


**(12)** Kazuko's father reads the newspaper (　　　　)
the morning.

     **1** on     **2** in     **3** to     **4** of


**(13)** *A:* (　　　　) is your birthday?

     *B:* It's August 30th.

     **1** How     **2** When     **3** Who     **4** Where


**(14)** My brother plays basketball, but I (　　　　).

     **1** isn't     **2** aren't     **3** don't     **4** doesn't


**(15)** *A:* (　　　　) are my dad's shoes.

     *B:* Wow!  They are really big.

     **1** This     **2** Them     **3** That     **4** These

次の(16)から(20)までの会話について, (　　　)に入れるのに最も適切なものを1, 2, 3, 4の中から一つ選び, その番号のマーク欄をぬりつぶしなさい。

**(16) Woman:** Do you want some tea?

　　　　**Man:** (　　　　)

**1** Four dollars, please.　**2** Yes, please.

**3** For two hours.　　　**4** It's a cake.

**(17) Girl 1:** Your baby brother is really cute.

　　　　　　(　　　)

**Girl 2:** He's three.

**1** Who is he?　　　**2** When is it?

**3** How old is he?　　**4** Where are you?

**(18)　　Girl:** Where are you going?

**Mother:** (　　　　) I want some eggs.

**1** My friend.

**2** This week.

**3** On the table.

**4** To the supermarket.

**(19)**   *Man:* Hi, Ellen.  (          )
*Woman:* Thank you, Scott.  It's pretty.
**1** This flower is for you.
**2** I have one, too.
**3** She's not here.
**4** It's today.


**(20)** *Boy:* Are you a student?
*Girl:* (          ) I go to high school.
**1** At seven o'clock.      **2** No, thank you.
**3** That's right.      **4** Some pencils.

次の(21)から(25)までの日本文の意味を表すように①から④までを並べかえて □ の中に入れなさい。そして，**1番目**と**3番目**にくるものの最も適切な組合せを**1, 2, 3, 4**の中から一つ選び，その番号のマーク欄をぬりつぶしなさい。※ただし，（ ）の中では，文のはじめにくる語も小文字になっています。

**3**

(21) 私の祖母は東京に住んでいます。

（① grandmother　② Tokyo　③ lives　④ in）

My □(1番目) □ □(3番目) □ .

**1** ④ - ②　　**2** ③ - ②　　**3** ① - ④　　**4** ② - ①

(22) ジョーンズ先生，私たちの学校へようこそ。

（① school　② to　③ our　④ welcome）

Mr. Jones, □(1番目) □ □(3番目) □ .

**1** ④ - ③　　**2** ④ - ①　　**3** ② - ③　　**4** ② - ④

(23) 図書館で昼食を食べてはいけません。

（① eat　② in　③ your lunch　④ don't）

□(1番目) □ □(3番目) □ the library.

**1** ④ - ①　　**2** ④ - ③　　**3** ① - ②　　**4** ① - ③

(24) 私はよく夜にテレビを見ます。

（① TV　② at　③ night　④ watch）

I often □(1番目) □ □(3番目) □ .

**1** ③ - ①　　**2** ② - ③　　**3** ① - ④　　**4** ④ - ②

65

**(25)** ごめんなさい，ジャック。今あなたと話ができません。

(① can't　② you　③ with　④ speak)

I'm sorry, Jack.　I [　1番目　][　　][　3番目　][　　] now.

**1** ② - ①　　**2** ① - ③　　**3** ④ - ③　　**4** ③ - ②

# ■■リスニング■■

## 5級リスニングテストについて

1　このテストは，第1部から第3部まであります。
　☆英文は二度放送されます。
　第1部：イラストを参考にしながら英文と応答を聞き，最も適
　　　　切な応答を1, 2, 3の中から一つ選びなさい。
　第2部：対話と質問を聞き，その答えとして最も適切なものを1,
　　　　2, 3, 4の中から一つ選びなさい。
　第3部：三つの英文を聞き，その中から絵の内容を最もよく表
　　　　しているものを一つ選びなさい。
2　No. 25のあと，10秒すると試験終了の合図がありますので，筆
　記用具を置いてください。

||||||| 第 1 部 |||||||　🔊　▶MP3　▶アプリ　▶CD 2 **1**〜**11**

〔例題〕

**No. 1**

**No. 2**

**No. 3**

**No. 4**

**No. 5**

**No. 6**

## No. 7

## No. 8

## No. 9

## No. 10

**No. 11**

1 A dog.
2 A fish.
3 A cat.
4 A bird.

**No. 12**

1 $1.
2 $3.
3 $10.
4 $30.

**No. 13**

1 Brown.
2 Purple.
3 Green.
4 Yellow.

**No. 14**

1 Mary's.
2 Mary's father's.
3 Lisa's.
4 Lisa's brother's.

**No. 15**

1 April 10.
2 April 15.
3 August 10.
4 August 15.

**No. 16**

**No. 17**

**No. 18**

**No. 19**

**No. 20**

**No. 21**

**No. 22**

**No. 23**

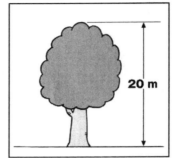

**No. 24**

**No. 25**

# 2019-1

## 2019.6.2実施

試験時間

筆記：25分
リスニング：約20分

Grade 5

筆記　　　　　　　P74〜80

リスニング　　　　P81〜86

＊解答・解説は別冊P77〜94にあります。

# ■筆　記■

**1** 次の(1)から(15)までの(　　　)に入れるのに最も適切なものを1, 2, 3, 4の中から一つ選び，その番号のマーク欄をぬりつぶしなさい。

(1) It's very hot.  Please (　　　) the window.
   **1** open　　　**2** clean　　　**3** read　　　**4** like

(2) I don't (　　　) dinner on Saturdays.  I go to a restaurant with my friends.
   **1** paint　　　**2** play　　　**3** cook　　　**4** use

(3) *A:* Ted, what do you (　　　) for your birthday?
   *B:* A new bike.
   **1** want　　　**2** meet　　　**3** stop　　　**4** start

(4) *A:* Kate, is that your brother?
   *B:* Yes.  He's a high school (　　　).
   **1** student　　**2** team　　　**3** class　　　**4** book

**(5)** *A:* Do you eat rice for (          ), Taro?
   *B:* No, I have eggs and toast.
   **1** newspaper          **2** spoon
   **3** breakfast          **4** light


**(6)** *A:* Excuse me, how much is this book?
   *B:* It's six (          ) yen.
   **1** feet          **2** gram          **3** hundred   **4** meter


**(7)** I often go to the park and play soccer
   (          ).
   **1** those          **2** there          **3** this          **4** that


**(8)** I like my new math teacher.  She comes
   (          ) Okinawa.
   **1** about          **2** under          **3** at          **4** from


**(9)** *A:* Hello, Mr. Wilson.
   *B:* Hi, Jim.  Please (          ) down.
   **1** speak          **2** do          **3** be          **4** sit


**(10)** Miki's grandparents (          ) in Nagoya.
   **1** stand          **2** live          **3** know          **4** get

**(11)** *A:* Do you like English?

   *B:* Yes, (　　　) course.

   **1** in　　　　**2** out　　　**3** on　　　　**4** of

**(12)** *A:* What (　　　) is it, Danny?

   *B:* It's four o'clock.

   **1** day　　　**2** time　　　**3** month　　**4** week

**(13)** *A:* (　　　) do you get to school, Jason?

   *B:* By train.

   **1** How　　**2** Why　　　**3** When　　**4** Where

**(14)** I like Tom. (　　　) often play computer games at my house.

   **1** Us　　　**2** We　　　**3** Our　　　**4** Ours

**(15)** *A:* Is this Amy's racket?

   *B:* Yes, it's (　　　).

   **1** she　　　**2** her　　　**3** their　　**4** hers

76

次の(16)から(20)までの会話について，(　　　)に入れるのに最も適切なものを1, 2, 3, 4の中から一つ選び，その番号のマーク欄をぬりつぶしなさい。

**(16)** *Woman:* Happy birthday, Fred. These chocolates are for you.

   *Man:* (　　　　)

**1** Nice to meet you.  **2** It's on the desk.

**3** Me, too.     **4** Thank you.

**(17)** *Mother:* Pete, do you like the blue shoes?

    *Boy:* (　　　　)

**1** Yes, I play volleyball.

**2** Yes, they're very easy.

**3** No, I like the red ones.

**4** No, they're at school.

**(18)** *Boy:* Suzie, (　　　　)

  *Girl:* It's my mom's.

**1** where is the shop?  **2** when does it start?

**3** whose hat is this?  **4** what do you like?

**(19)** *Girl:* Goodbye, Mr. Hirasawa.
*Teacher:* Goodbye, Ellie. (        )
**1** Have a nice weekend.
**2** Please come in.
**3** Let's play baseball.
**4** I'm studying.

**(20)** *Boy:* Do you have any brothers or sisters, Kate?
*Girl:* (        )
**1** Yes, he is.        **2** I know him.
**3** I have a brother.        **4** He's my father.

**(21)** その英語のレッスンはどれくらいの長さですか。

(① is　② how　③ long　④ the)

| 1番目 | | 3番目 | |
|---|---|---|---|

English lesson?

**1** ③ - ②　**2** ② - ①　**3** ③ - ④　**4** ④ - ②

**(22)** 今日は曇っていません。

(① it　② cloudy　③ is　④ not)

| 1番目 | | 3番目 | |
|---|---|---|---|

today.

**1** ④ - ②　**2** ② - ③　**3** ① - ④　**4** ③ - ④

**(23)** 私の父は45歳です。

(① forty-five　② is　③ old　④ years)

My father

| 1番目 | | 3番目 | |
|---|---|---|---|

.

**1** ③ - ①　**2** ④ - ②　**3** ① - ③　**4** ② - ④

**(24)** あなたの妹さんは毎年スキーに行きますか。

(① go　② does　③ your sister　④ skiing)

| 1番目 | | 3番目 | |
|---|---|---|---|

every year?

**1** ② - ①　**2** ③ - ④　**3** ④ - ③　**4** ③ - ①

**(25)** あなたは昼食に何を作っていますか。

(① are   ② making   ③ what   ④ you)

| 1番目 | | 3番目 | |
|---|---|---|---|
| | | | | for lunch?

**1** ③ - ④    **2** ① - ②    **3** ② - ③    **4** ④ - ①

# リスニング

**5級リスニングテストについて**

**1** このテストは，第1部から第3部まであります。
☆英文は二度放送されます。
第1部：イラストを参考にしながら英文と応答を聞き，最も適切な応答を1, 2, 3の中から一つ選びなさい。
第2部：対話と質問を聞き，その答えとして最も適切なものを1, 2, 3, 4の中から一つ選びなさい。
第3部：三つの英文を聞き，その中から絵の内容を最もよく表しているものを一つ選びなさい。

**2** No. 25のあと，10秒すると試験終了の合図がありますので，筆記用具を置いてください。

## 第1部

▶MP3 ▶アプリ ▶CD 2 29～39

〔例題〕

**No. 1**

**No. 2**

**No. 3**

**No. 4**

**No. 5**

**No. 6**

## No. 7

## No. 8

## No. 9

## No. 10

| No. 11 | 1 To school. |
| | 2 To the store. |
| | 3 To the library. |
| | 4 To a restaurant. |

| No. 12 | 1 The black one. |
| | 2 The blue one. |
| | 3 The red one. |
| | 4 The yellow one. |

| No. 13 | 1 On March 6th. |
| | 2 On March 16th. |
| | 3 On May 6th. |
| | 4 On May 16th. |

| No. 14 | 1 Two. |
| | 2 Three. |
| | 3 Four. |
| | 4 Five. |

| No. 15 | 1 Playing baseball. |
| | 2 Playing soccer. |
| | 3 Going to school. |
| | 4 Making sandwiches. |

## No. 16

## No. 17

## No. 18

## No. 19

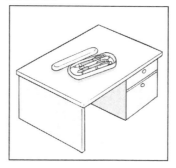

## No. 20

## No. 21

19年度第1回　リスニング

**No. 22**

**No. 23**

**No. 24**

**No. 25**

# 2018-3

## 2019.1.27 実施

**試験時間**

筆記：25分

リスニング：約20分

| 筆記 | P88〜94 |
| リスニング | P95〜100 |

＊解答・解説は別冊P95〜112にあります。

Grade 5

**1** 次の(1)から(15)までの( )に入れるのに最も適切なものを1, 2, 3, 4の中から一つ選び，その番号のマーク欄をぬりつぶしなさい。

(1) *A:* Do you play tennis, Yoko?
   *B:* Yes, I do.  This is my ( ).
   **1** racket    **2** postcard  **3** fork     **4** eraser

(2) ( ) is the ninth month of the year.
   **1** August          **2** September
   **3** October         **4** November

(3) My room is too ( ).  I want a big room.
   **1** small    **2** tall    **3** fast    **4** cloudy

(4) *A:* Mike, do you want some tea?
   *B:* No, thanks.  Just ( ), please.
   **1** week    **2** blue    **3** foot    **4** water

**(5)** *A:* This is a picture of my sister.

    *B:* Oh, she's pretty.  Her (      ) is really long.

    **1** hair      **2** coin      **3** dance      **4** diary


**(6)** My soccer ball is very old.  I want a (      ) one.

    **1** little      **2** high      **3** slow      **4** new


**(7)** *A:* Look.  A big bird is (      ) in the sky.

    *B:* Yes.  It's very fast.

    **1** cutting    **2** flying    **3** snowing  **4** running


**(8)** Bill, (      ) up!  It's eight o'clock.

    **1** see      **2** get      **3** make      **4** live


**(9)** I have a camera.  Let's (      ) a picture together.

    **1** sing      **2** know      **3** speak      **4** take

**(10)** *A:* I often play volleyball. How (      ) you, Jim?

     *B:* I do, too.

     **1** down     **2** up      **3** about     **4** of


**(11)** Noriko (      ) swimming every Sunday.

     **1** runs     **2** makes    **3** goes     **4** walks


**(12)** *A:* Bill, please (      ) about your family.

     *B:* OK.

     **1** eat     **2** open     **3** know     **4** talk


**(13)** *A:* (      ) you Mr. Johnson?

     *B:* Yes, I am.

     **1** Be     **2** Am     **3** Is      **4** Are


**(14)** My brother likes jazz, but I (      ) like it.

     **1** isn't     **2** aren't    **3** don't     **4** doesn't


**(15)** *A:* Emily, (      ) is that woman?

     *B:* She's my sister.

     **1** when     **2** where    **3** how     **4** who

次の(16)から(20)までの会話について，(　　　)に入れるのに
最も適切なものを1, 2, 3, 4の中から一つ選び，その番号のマーク欄をぬりつぶしなさい。

**(16) *Father:*** Do you like the white cap or the pink cap, Susan?

  ***Girl:*** (　　　　)

**1** I play softball.　　　**2** I like the pink one.

**3** It's very easy.　　　**4** It's not here.

**(17)** ***Girl:*** Is it sunny today?

***Father:*** Yes, (　　　　)

**1** and I'm going there.

**2** and it's hot.

**3** but you can have some.

**4** but at my house.

**(18) *Boy:*** Do you often use a computer?

***Girl:*** No. But (　　　　)

**1** it's a book.　　　**2** we can do that.

**3** it's 500 dollars.　　　**4** my brother does.

**(19)** *Boy:* I'm hungry.  (          )
   *Girl:* She's in the garden.
   **1** Do you like bananas?
   **2** Is it a big tree?
   **3** Where's Mom?
   **4** Do you have a flower?


**(20)**    *Boy:* What's the date today?
   *Mother:* (          )
   **1** It's April 29.          **2** It's nine o'clock.
   **3** I love spring.          **4** Next Monday.

**3**

**(21)** あのビルの高さはどれくらいですか。

(① is　② tall　③ how　④ that)

| 1番目 | | 3番目 | |
|---|---|---|---|
| | | | |

building?

**1** ④ - ①　　**2** ② - ③　　**3** ③ - ①　　**4** ① - ④

**(22)** ジョーンズ様，私たちのレストランへようこそいらっしゃいました。

(① restaurant　② to　③ our　④ welcome)

Mr. Jones,

| 1番目 | | 3番目 | |
|---|---|---|---|
| | | | |

.

**1** ④ - ③　　**2** ④ - ①　　**3** ② - ③　　**4** ② - ④

**(23)** たけしは，毎週日曜日には夕食後にお皿を洗います。

(① after　② washes　③ the dishes　④ Takeshi)

| 1番目 | | 3番目 | |
|---|---|---|---|
| | | | |

dinner every Sunday.

**1** ② - ③　　**2** ② - ④　　**3** ④ - ②　　**4** ④ - ③

**(24)** あなたはその英語の歌を歌えますか。

(① that　② you　③ can　④ sing)

| 1番目 | | 3番目 | |
|---|---|---|---|

English song?

**1** ③ - ①　　**2** ③ - ④　　**3** ① - ②　　**4** ④ - ①

**(25)** 私は母のために台所を掃除しています。

(① for　② am　③ the kitchen　④ cleaning)

I | 1番目 | | 3番目 | | my mother.

**1** ② - ③　　**2** ② - ④　　**3** ③ - ①　　**4** ④ - ②

# ■リスニング■

## 5級リスニングテストについて

1　このテストは，第1部から第3部まであります。
　　☆英文は二度放送されます。
　　第1部：イラストを参考にしながら英文と応答を聞き，最も適
　　　　　切な応答を1, 2, 3の中から一つ選びなさい。
　　第2部：対話と質問を聞き，その答えとして最も適切なものを1,
　　　　　2, 3, 4の中から一つ選びなさい。
　　第3部：三つの英文を聞き，その中から絵の内容を最もよく表
　　　　　しているものを一つ選びなさい。

2　No. 25のあと，10秒すると試験終了の合図がありますので，筆
　　記用具を置いてください。

▨▨▨ 第 1 部 ▨▨▨▨▨▨▨▨▨▨▨　◀))　▶MP3 ▶アプリ ▶CD 2 **57**～**67**

〔例題〕

**No. 1**

**No. 2**

**No. 3**

**No. 4**

**No. 5**

**No. 6**

## No. 7

## No. 8

## No. 9

## No. 10

**No. 11**

1 It's hot.
2 It's cold.
3 It's sunny.
4 It's rainy.

**No. 12**

1 Kenji does.
2 Becky does.
3 Kenji's brother does.
4 Becky's brother does.

**No. 13**

1 Sarah's mother's.
2 Sarah's.
3 Ben's father's.
4 Ben's.

**No. 14**

1 A car magazine.
2 A cooking magazine.
3 A music magazine.
4 A sports magazine.

**No. 15**

1 3.
2 13.
3 16.
4 23.

**No. 16**

**No. 17**

**No. 18**

**No. 19**

**No. 20**

**No. 21**

**No. 22**

**No. 23**

**No. 24**

**No. 25**

# 英検5級に合格したら…

# 英検®4級にチャレンジしよう！

4級は，「簡単な英語を理解することができ，またそれを使って表現すること」が求められます。5級と同じく，一次試験（筆記とリスニング）とスピーキングテストがあります。レベルの目安は「中学中級程度」です。

## 4級からここが変わる！

※試験内容は変更される可能性がありますので，受験の際は英検ホームページで最新情報をご確認ください。

**筆記**
語句整序問題の並べかえる語が1つ増え，問われる空所の番号が変わります。また，5級にはなかった長文読解問題が加わります。

**リスニング**
第2部が5問増えます。また，第3部は，イラスト形式の問題ではなくなり，短い説明文と質問を聞いて，問題冊子の4つの選択肢から答えを選ぶ形式になります。

**スピーキングテスト**
質問数が1つ増え，イラストの内容に関する質問が加わります。また，最後の問題がYes／Noで答える質問となり，その答えによって続く質問が変わる形式となります。

 **オススメの英検書はこちら！**

2021年度版

文部科学省後援

英検® 5級
過去6回全問題集

別冊解答

旺文社

2021年度版

文部科学省後援

# 英検®5級
## 過去6回全問題集

別冊解答

旺文社

# もくじ

## Contents

# もくじ

# 2020-2

## 解答一覧

### 筆記

**1**

| | | | | | | | |
|---|---|---|---|---|---|---|---|
| (1) | 3 | (6) | 4 | (11) | 4 |
| (2) | 1 | (7) | 3 | (12) | 4 |
| (3) | 3 | (8) | 3 | (13) | 2 |
| (4) | 1 | (9) | 1 | (14) | 2 |
| (5) | 4 | (10) | 2 | (15) | 2 |

**2**

| | | | | | |
|---|---|---|---|---|---|
| (16) | 3 | (18) | 1 | (20) | 2 |
| (17) | 1 | (19) | 4 | | |

**3**

| | | | | | |
|---|---|---|---|---|---|
| (21) | 2 | (23) | 2 | (25) | 1 |
| (22) | 3 | (24) | 1 | | |

### リスニング

**第1部**

| | | | | | |
|---|---|---|---|---|---|
| No. 1 | 2 | No. 5 | 3 | No. 9 | 3 |
| No. 2 | 3 | No. 6 | 3 | No. 10 | 1 |
| No. 3 | 2 | No. 7 | 2 | | |
| No. 4 | 3 | No. 8 | 1 | | |

**第2部**

| | | | | | |
|---|---|---|---|---|---|
| No. 11 | 3 | No. 13 | 3 | No. 15 | 2 |
| No. 12 | 4 | No. 14 | 1 | | |

**第3部**

| | | | | | |
|---|---|---|---|---|---|
| No. 16 | 2 | No. 20 | 1 | No. 24 | 2 |
| No. 17 | 3 | No. 21 | 3 | No. 25 | 1 |
| No. 18 | 1 | No. 22 | 2 | | |
| No. 19 | 3 | No. 23 | 3 | | |

<table>
<tr><td>筆 記</td><td>**1**</td><td>問題編 P18〜20</td></tr>
</table>

**(1)** 解答 **3**

訳

A：「ポール，あなたは学校のために何が必要なの」

B：「新しいペンと**ノート**が必要だよ，お母さん」

1　ベンチ　　2　コイン　　**3　ノート**　　4　週

解説　A は B にどんな学用品（学校で使うもの）が必要かをたずねているので，**3** の notebook「ノート」が適切です。B は必要なものとしてまず pens「ペン」と言っているので，ほかの選択肢ではそれと並ぶ学用品として不自然です。

**(2)** 解答 **1**

訳

A：「あなたの帽子は**かわいい**ですね。私はそれが好きです」

B：「ありがとう」

**1　かわいい**　　2　速い　　3　冷たい　　4　遅い

解説　A が B の帽子についてコメントしていて，「それが好き」とほめていることがわかります。帽子をほめるときに使える形容詞は **1** の pretty だけなので，これが正解です。

**(3)** 解答 **3**

訳

「私は土曜日には夕食**を作り**ません。いつも家族といっしょにレストランに行きます」

1　〜を置く　　　　　　2　〜を売る

**3　〜を作る**　　　　　4　〜を運ぶ

解説　2つ目の文に「いつも家族といっしょにレストランに行く」とあることから，最初の文では「夕食を作らない」と言っていると推測できます。選択肢の中では **3** の cook「〜を（火を通して調理して）作る」が適切です。

**(4)** 解答 **1**

訳

A：「**果物**は好きですか，ヘレン」

B：「はい。リンゴが好きです」

**1　果物**　　2　肉　　3　パン　　4　魚

**解説** Bの「リンゴが好きです」という返答から，Aは好きな果物をたずねていることがわかるので，**1**の fruit が正解です。日本語では「フルーツ」となりますが，「果物全般」を表すときには fruit は複数形にせず，単数形で使います。

## (5) 解答 **4**

**訳** A：「今日の午後テニスをしようよ，アリス」
B：「ごめんなさい。ピアノのレッスンがあるの」
**1** 話　　**2** 本　　**3** いす　　**4** レッスン

**解説** Aの誘いに，Bは Sorry.「ごめんなさい」と答えているので，Bの2つ目の文は誘いに応じられない理由を言っていると推測できます。I have ～. は「（予定などが）ある」という意味で，空所に**4**の lesson を入れると「ピアノのレッスンがある」となり，誘いを断る自然な理由になります。

## (6) 解答 **4**

**訳** A：「トム，おいで！　夕食の時間よ」
B：「わかった，今行くよ」
**1** 日　　**2** 正午　　**3** 1時間　　**4** 時間

**解説** Bの I'm coming は「（相手のところに）今行くよ」という意味です。この応答から，Aは夕食の時間だと言っているとわかります。正解は**4**の time で，It's time for ～ で「～の時間です」という意味になります。なお，**3**の hour は「1時間（＝60分）」を表す語です。

## (7) 解答 **3**

**訳** 「夏には，私はよく学校のプールに泳ぎに行きます」
**1** 教室　　**2** ドア　　**3** プール　　**4** カフェテリア

**解説** go swimming は「泳ぎに行く」という意味です。夏に学校の中のどこで泳ぐかを考えると，**3**の pool がいちばん自然です。

## (8) 解答 **3**

**訳** 「この列車は名古屋から大阪まで行きます」

| 1 | 〜について | 2 | 〜から離れて |
|---|---|---|---|
| 3 | 〜まで | 4 | 〜を下って |

解　説 空所の前後に地名があり，from は「〜から」という意味であることから，「名古屋から大阪へ行く」という意味の文だとわかります。行先を表す **3** の to を入れれば意味が通ります。from A to B で「A から B へ」という意味です。

**(9)　解答　① 1**

訳　A：「あなたは夕方に何をしますか」
　　B：「私はテレビでニュースを見ます」

| 1 | （on TV で）テレビで | 2 | 〜について |
|---|---|---|---|
| 3 | 〜の中で | 4 | 〜から |

解　説　空所の後ろにある TV に注目します。「テレビで」と言うときは，on TV と on を使います。ほかに，「ラジオで」も on the radio と on を使うので，あわせて覚えておきましょう。

**(10)　解答　② 2**

訳　A：「この筆箱はいくらですか」
　　B：「200 円です」

| 1 | 長い | 2 | （How much で）いくら |
|---|---|---|---|
| 3 | たくさんの | 4 | 古い |

解　説　B は値段を言っているので，A は筆箱の値段をたずねているとわかります。how much で「いくら」という意味で，値段をたずねるときに使います。How long 〜? は長さ，How many 〜? は数，How old 〜? は年齢をたずねるときに，それぞれ使います。

**(11)　解答　④ 4**

訳　A：「行ってきます，お母さん」
　　B：「よい一日を，ケビン」

1　行く
2　〜を手に取る
3　住む

□□は、ゆく人だ。

学ぶ人は、
変えて
ゆく人だ。

目の前にある問題はもちろん、

人生の問いや、社会の課題を自ら見つけ、

挑み続けるために、人は学ぶ。

「学び」で、少しずつ世界は変えてゆける。

いつでも、どこでも、誰でも、

学ぶことができる世の中へ。

旺文社

**解説**　**4（Have a good day で）よい一日を**

A の See you「またね」は別れのあいさつで，ここでは「行ってきます」にあたります。空所に **4** の Have を入れて Have a good day とすると「よい一日を」という意味になり，ここでは「いってらっしゃい」にあたる適切な表現になります。Have a good ～ . は，Have a good weekend.「よい週末を（過ごしてください）」などの表現でも使われます。

## (12) 解答 **4**

**訳**　「ルーシーの母親は毎晩7時頃に帰宅します」
**1** 正午　　　　　　　　　**2** 1時間
**3** 今日　　　　　　　　　**4**（every night で）毎晩

**解説**　every は「毎～」という意味で，every night「毎晩」となる **4** が正解です。「毎日」と言うときには，today は使わず day を使って every day とします。

## (13) 解答 **2**

**訳**　「私はピアノを弾きますが，兄［弟］は弾きません」

**解説**　「私はピアノを弾く」と言った後，but「しかし」と続いているので，兄［弟］はピアノを弾かないことが推測できます。but 以下の主語が my brother と1人であることと，play は be 動詞ではないことから，**2** の doesn't が正解です。

## (14) 解答 **2**

**訳**　「スペンサー先生は私の学校で英語を教えています」

**解説**　動詞の正しい形を選ぶ問題です。現在の習慣を表すときには動詞の現在形を使います。主語は Mr. Spencer と1人なので，teach に es が付いた **2** の teaches が正解です。

## (15) 解答 **2**

**訳**　A：「あの若い男性はだれですか」
B：「彼はブラウンさんです」

**1** いつ　　　**2** だれ　　　**3** なぜ　　　**4** どうやって

9

**解説** 適切な疑問詞を選ぶ問題です。Bが「彼はブラウンさんです」と答えているので，Aは若い男性が「だれなのか」をたずねたことがわかります。「だれ」を意味する**2**のWhoが正解です。

| 筆 記 | **2** | 問題編 P21～22 |
|---|---|---|

## (16) 解答 **3**

**訳** 祖父：「誕生日おめでとう，メアリー。このプレゼントは君のためのものだよ」

女の子：「ありがとう，おじいちゃん」

**1** あれは彼女のケーキだよ。

**2** ごめんね。

**3** このプレゼントは君のためのものだよ。

**4** 雨が降っているね。

**解説** 「誕生日おめでとう」と言った後の発言を考えます。**2**や**4**は誕生日の話題と関係がなく，**1**では女の子の「ありがとう」という応答に自然につながりません。**3**の「このプレゼントは君のためのものだよ」なら，会話が自然につながります。

## (17) 解答 **1**

**訳** 男の子：「あなたは何かペットを飼っていますか」

女の子：「はい，3匹飼っています。1匹のイヌと2羽の鳥です」

**1** 3匹飼っています。    **2** それは私です。

**3** 8時に。    **4** あなたは大丈夫です。

**解説** 男の子は「ペットを飼っているか」をたずねているので，返答としては**1**が適切です。I have three. は，I have three pets. の pets が，繰り返しを避けるために省略されています。

## (18) 解答 **1**

**訳** 女性：「あなたは中学生ですか」

男の子：「はい，そうです」
**1** はい，そうです。　　**2** おはようございます。
**3** ぼくはバスを使います。　**4** ぼくは理科が好きです。

解　説　junior high school は「中学校」という意味です。Are you ～?「あなたは～ですか」と聞かれたら，Yes の場合は Yes, I am. と，No の場合は No, I'm not. と答えます。

## (19) 解答 **4**

訳　姉[妹]：「あなたの新しいかばんは何色なの？」
弟[兄]：「緑だよ」
**1** 彼は家にいるよ。　　**2** 4時だよ。
**3** 部屋はきれいだよ。　**4** 緑だよ。

解　説　What color ～? は色をたずねる言い方なので，色を答えている **4** が正解です。ほかの選択肢は色と関係がなく，会話がつながりません。

## (20) 解答 **2**

訳　男の子：「こんにちは，ぼくはケンです。新しい生徒です」
女の子：「はじめまして。私たちの学校へようこそ」
**1** それでいいです。
**2** はじめまして。
**3** あなたは行ってもよいです。
**4** 私はそれを楽しみます。

解　説　男の子が自己紹介をしています。これに対する女の子の応答としてふさわしいのは，**2** の Nice to meet you. です。文字通りには「あなたにお会いできてうれしいです」という意味で，初対面のあいさつに使います。

---

**筆　記　3**　問題編 P23～24

## (21) 解答 **2**

正しい語順　(What day of the week) is it today?

11

**解説** 「曜日」は,「週の中の日」と考えて, day of the week と言います。「何曜日」とたずねるときは, what の後に day of the week を続けます。日付をたずねるときは What is the date today? という表現を使います。あわせて覚えておきましょう。

## (22) 解答 ③

**正しい語順** (We can make some popcorn) at my house.

**解説** 英語の基本的な語順は〈主語(〜は)+動詞(〜する)+目的語(〜を)〉なので, We の後に make, その後に some popcorn がくることがわかります。また,「〜することができる」を表す can は動詞の直前に置くので, We can make some popcorn の順番になります。

## (23) 解答 ②

**正しい語順** Please (don't talk in this room).

**解説** 〈Don't+動詞の原形〉で「〜してはいけません」という意味になります。ここでは, 前に Please が付いて, 少していねいな言い方になっています。in this room「この部屋で」など場所を表すことばは, その後に続けます。

## (24) 解答 ①

**正しい語順** Are (you free next Sunday)?

**解説** 疑問文なので, Are が文頭にきています。その後に主語の you, そして「ひまな」という意味の free が続きます。next Sunday「次の日曜日」のように時間を表す表現は, その後に続けます。

## (25) 解答 ①

**正しい語順** (Where do you study)?

**解説** 「どこで〜」とたずねるときは, 場所を問う疑問詞 where を文の最初に置きます。その後は,〈do+主語+動詞の原形〉の順で続けます。

〔例題〕 解答 **3**

放送文
Is this your bag?
1 Sure, I can.   2 On the chair.
3 Yes, it is.

放送文の訳
「これはあなたのかばんですか」
1 ええ，ぼくはできます。   2 いすの上に。
3 はい，そうです。

## No.**1** 解答 **2**

放送文
Does your sister play the piano?
1 She's eleven.   2 Yes, every day.
3 It's in her room.

放送文の訳
「あなたのお姉さん[妹さん]はピアノを弾きますか」
1 彼女は11歳です。   2 はい，毎日。
3 それは彼女の部屋にあります。

解 説
男の子は女の子の「姉[妹]がピアノを弾くかどうか」をたずねています。Does 〜? の質問には Yes または No で答えるのが基本なので，**2** の Yes, every day. が正解です。

## No.**2** 解答 **3**

放送文
Do you want some candy?
1 I like cooking.   2 I'm sorry about that.
3 No, thank you.

放送文の訳
「キャンディーを少しいかがですか」
1 私は料理が好きです。   2 それは残念です。
3 いいえ，けっこうです。

解 説
Do you want 〜? は「〜をほしいですか，いかがですか」と相手に物をすすめるときの表現です。応答として適切なのは，**3** の No, thank you. です。相手のすすめを断るときは，No だけでなく thank you を加えるとていねいにな

ります。

## No.3　解答 **2**

**放送文**　These flowers are from my garden.
1　You're welcome.　　**2　Oh, they're pretty.**
3　Let's go shopping.

**放送文の訳**　「これらの花はぼくの庭から取ってきたものだよ」
1　どういたしまして。　　**2　わあ，きれいね。**
3　買い物に行きましょう。

**解　説**　男の子は女の子に花を見せながら話しているので，花について感想を言っている **2** が正解です。they're pretty の they は These flowers「これらの花」をさしています。**1** の You're welcome. は Thank you.「ありがとう」に対して「どういたしまして」と応じるときの表現なので，ここでは不自然です。

## No.4　解答 **3**

**放送文**　How much is this T-shirt?
1　Yes, it is.　　**2**　You're welcome.
**3　It's six dollars.**

**放送文の訳**　「この T シャツはいくらですか」
1　はい，そうです。　　2　どういたしまして。
**3　それは 6 ドルです。**

**解　説**　how much は「いくら」と値段をたずねるときに使う表現なので，値段を答えている **3** が正解です。dollar の発音は日本語の「ドル」と違うので，注意しましょう。

## No.5　解答 **3**

**放送文**　Do you come to school by bus, Nancy?
1　Me, too.　　2　At school.
**3　No, I come by bike.**

**放送文の訳**　「君は学校へバスで来るの，ナンシー？」
1　私も。　　　　　　　　2　学校で。

**解説**　3　いいえ，私は自転車で来るの。

by bus は「バスで」という意味です。男の子は「バスで来るかどうか」をたずねています。Do you ～? の質問には Yes または No で答えるのが基本なので，No と答えている 3 が正解です。

## No.6　解答 ③

**放送文**　What do you want for lunch?

1　It's one o'clock.　　2　Yes, please.

3　Some sandwiches, please.

**放送文の訳**　「あなたはお昼ごはんに何がほしいですか」

1　1時です。　　2　はい，お願いします。

3　サンドイッチをいくつかお願いします。

**解説**　昼食に何がほしいか聞かれているので，Some sandwiches と食べ物の名前を答えている 3 が正解です。何かをお願いするときは，物の名前だけでなく，please を付け加えるとていねいな言い方になります。

## No.7　解答 ②

**放送文**　Whose flute is that?

1　Over there.　　2　My sister's.

3　On the table.

**放送文の訳**　「あれはだれのフルートですか」

1　あそこです。　　2　ぼくの姉[妹]のです。

3　テーブルの上です。

**解説**　whose は「だれの」という意味の疑問詞なので，だれのものかを答えている 2 が正解です。my sister's は「私の姉[妹]のもの」という意味で，ここでは my sister's flute をさします。

## No.8　解答 ①

**放送文**　Can your children swim well?

1　Yes, they can.　　2　It's by the pool.

3　No, I'm not.

| 放送文の訳 | 「あなたのお子さんたちは上手に泳げますか」 |

**1** はい，できます。　　　**2** それはプールのそばです。

**3** いいえ，私は違います。

| 解説 |

Can ～？と聞かれたら，can を使って答えるのが基本です。ここでは Can の後の主語が your children「あなたの子どもたち」と複数なので，答えるときは Yes, they can.「はい，彼らはできます」もしくは No, they can't.「いいえ，彼らはできません」と they を使って答えます。

## No.9　解答 ③

| 放送文 |

My birthday is in March.

**1** It's this afternoon.　　**2** A birthday cake.

**3** Mine is in September.

| 放送文の訳 | 「私の誕生日は 3 月なの」

**1** それは今日の午後だよ。　　**2** 誕生日ケーキだよ。

**3** ぼくのは 9 月だよ。

| 解説 |

**3** の mine「ぼくのもの」は，女の子の発言への応答なので my birthday「ぼくの誕生日」を指しています。この **3** が最も自然な答えです。**1** は，「それ（＝女の子の誕生日）は今日の午後です」という答えになるので，不自然です。

## No.10　解答 ①

| 放送文 |

Where's your umbrella?

**1** In Dad's car.　　**2** My friend.

**3** After school.

| 放送文の訳 | 「あなたのかさはどこにあるの？」

**1** お父さんの車の中に。　　**2** ぼくの友だち。

**3** 放課後に。

| 解説 |

where で場所をたずねているので，場所を答えている **1** が正解です。文の最初に疑問詞がくるときは，その疑問詞を聞き取れるかどうかがカギになるので，文の最初の部分を集中して聞きましょう。

## No. 11 解答 ③

放送文 ☆：Peter, can you come to my party on Sunday?
★：Yes, Lisa.　See you then.
**Question:** When is Lisa's party?

放送文の訳 ☆：「ピーター，あなたは日曜日に私のパーティーに来られる？」
★：「うん，リサ。そのとき会おう」

質問の訳 「リサのパーティーはいつですか」

選択肢の訳
**1** 金曜日に。　　**2** 土曜日に。
**3** 日曜日に。　　**4** 月曜日に。

解説 女の子（＝リサ）は on Sunday「日曜日に」と言っているので，**3** が正解です。曜日の名前は，聞いてすぐ何曜日かわかるように練習しておきましょう。

## No. 12 解答 ④

放送文 ☆：How many students are in your class, Mike?
★：There are thirty-three.
**Question:** How many students are in Mike's class?

放送文の訳 ☆：「あなたのクラスには何人の生徒がいるの，マイク？」
★：「33人いるよ」

質問の訳 「マイクのクラスには何人の生徒がいますか」

選択肢の訳 **1** 13人。　**2** 23人。　**3** 30人。　**4** 33人。

解説 数字の聞き取りの問題です。There are 〜 は「〜がいる，〜がある」という意味で，マイクは There are thirty-three.「33（人の生徒）がいる」と答えています。選択肢の数字を見てすぐに読み方が頭に浮かぶよう，ふだんから身の回りの数字を英語で言う練習をしておきましょう。

## No. 13 解答 ③

放送文 ★：What are you making, Kelly?
☆：Some pancakes for breakfast, Dad.

**Question:** What is Kelly doing?

放送文の訳 ★：「何を作っているの，ケリー？」

☆：「朝ごはんのためのパンケーキよ，お父さん」

質問の訳 「ケリーは何をしていますか」

選択肢の訳
1 彼女の友だちに電話している。
2 食べ物を買っている。
**3 朝食を作っている。**
4 台所を掃除している。

解説 〈be 動詞＋〜ing〉で「〜している（ところだ）」という意味になります。for breakfast は「朝食のために」という意味です。何を作っているかという質問に対して，ケリーは朝食のためのパンケーキと答えているので，**3** が正解です。

## No. 14 解答 ①

放送文 ☆：I go to the park with my mom every Sunday.

★：I go there on Saturdays.

**Question:** Who goes to the park on Saturdays?

放送文の訳 ☆：「私は毎週日曜日にお母さんといっしょに公園へ行くの」

★：「ぼくは毎週土曜日にそこへ行くよ」

質問の訳 「だれが毎週土曜日に公園に行きますか」

選択肢の訳
1 **男の子。**　　　2 男の子の母親。
3 女の子。　　　4 女の子の母親。

解説 質問の Who goes to 〜? は「だれが〜へ行きますか，〜へ行くのはだれですか」という意味です。男の子は，I go there on Saturdays.「ぼくは毎週土曜日にそこに行く」と言っているので，**1** が正解です。この there「そこへ」は「公園へ」ということです。

## No. 15 解答 ②

放送文 ★：Do your brothers like sports?

☆：Yes. Paul likes volleyball, and Fred likes baseball and basketball.

**Question:** What sport does Paul like?

放送文の訳 ★：「あなたの兄弟はスポーツが好きですか」

☆：「はい。ポールはバレーボールが好きで，フレッドは野球とバスケットボールが好きです」

質問の訳 「ポールは何のスポーツが好きですか」

選択肢の訳
1　バスケットボール。　　　　2　バレーボール。
3　野球。　　　　　　　　　　4　ソフトボール。

解説 人の名前とスポーツの名前を正しく聞き取る問題です。volleyball は，日本語の「バレーボール」よりも「ヴァリボー」に近い発音なので，気をつけましょう。

---

**リスニング　第3部** | 問題編 P29〜30　🔊

## No.16 解答 2

放送文
1　Victoria is using chopsticks.
2　Victoria is using a fork.
3　Victoria is using a knife.

放送文の訳
1　ビクトリアははしを使っています。
2　ビクトリアはフォークを使っています。
3　ビクトリアはナイフを使っています。

解説 絵を見ると，女の子がフォークを使って食べ物を取ろうとしています。〈be 動詞＋〜ing〉で「〜している（ところだ）」を表し，ここでは is using で「使っている」という意味です。放送を聞く前に絵を見ておくと，集中して選択肢を聞くことができます。

## No.17 解答 3

放送文
1　Miho is painting a picture.
2　Miho is writing an e-mail.
3　Miho is reading a magazine.

放送文の訳
1　ミホは絵を描いています。
2　ミホは E メールを書いています。

**3** ミホは雑誌を読んでいます。

**解説** 絵を見ると，女性が雑誌を読んでいるとわかります。3つの放送文の動詞の部分（painting, writing, reading）を確実に聞き取るのが正解のカギです。

## No. 18 解答 ①

**放送文**
**1** Matt goes to bed at eight every day.
**2** Matt comes home at eight every day.
**3** Matt goes to school at eight every day.

**放送文の訳**
**1** マットは毎日8時に寝ます。
**2** マットは毎日8時に帰宅します。
**3** マットは毎日8時に学校に行きます。

**解説** 絵の中の時計は8時で，男の子は寝ているので，go to bed「寝る，布団に入る」という表現を使った **1** が正解です。主語が Matt と1人なので，go が goes となっていることにも注意して聞き取りましょう。

## No. 19 解答 ③

**放送文**
**1** Ms. Carter is eating a pizza.
**2** Ms. Carter is buying a pizza.
**3** Ms. Carter is cutting a pizza.

**放送文の訳**
**1** カーターさんはピザを食べています。
**2** カーターさんはピザを買っています。
**3** カーターさんはピザを切っています。

**解説** 絵では，女性がピザを切っています。「～している（ところだ）」を表す〈be 動詞＋～ing〉の形に慣れておきましょう。3つの放送文は動詞（eating, buying, cutting）の部分だけが違うので，そこに注意して聞きます。

## No. 20 解答 ①

**放送文**
**1** Jim is looking at a bike.
**2** Jim is riding a bike.
**3** Jim is washing a bike.

**1** ジムは自転車を見ています。

**2** ジムは自転車に乗っています。

**3** ジムは自転車を洗っています。

解　説　絵の中の男の子は，自転車を見ています。look at ～ で「～を見る」という意味です。looking at と言っている **1** が正解です。

# No.21 解答 ③

放送文　**1** It's 12:25.　　　**2** It's 12:35.

**3** It's 12:55.

放送文の訳　**1** 12時25分です。　　**2** 12時35分です。

**3** 12時55分です。

解　説　時刻を正しく聞き取る問題です。日ごろから，時計を見て時刻が言えるように練習しておきましょう。この問題では，「分」の十の位を表す twenty，thirty，fifty を聞き取れたかどうかが正解の決め手です。

# No.22 解答 ②

放送文　**1** The banana is on the cup.

**2** The banana is by the cup.

**3** The banana is in the cup.

放送文の訳　**1** バナナはカップの上にあります。

**2** バナナはカップのそばにあります。

**3** バナナはカップの中にあります。

解　説　位置を表すことば（前置詞）を聞き取る問題です。on は「～の上に」，by は「～のそばに」，in は「～の中に」という意味です。絵を見るとバナナはカップのすぐ横にあるので，**2** が正解です。

# No.23 解答 ③

放送文　**1** The mountain is 909 meters high.

**2** The mountain is 919 meters high.

**3** The mountain is 990 meters high.

**1** その山は 909 メートルの高さです。

**2** その山は 919 メートルの高さです。

**3** その山は 990 メートルの高さです。

**解説**
3桁以上の数字を正しく聞き取るには，下2桁を表す数字の言い方に十分慣れておく必要があります。特に **nineteen**「19」は後半に，**ninety**「90」は前半にアクセントがあるので，アクセントの位置に注意して聞き取るようにします。

## No. 24 解答 ②

**放送文**

**1** Jason's mouse is on his hand.

**2** Jason's mouse is on his head.

**3** Jason's mouse is on his leg.

**放送文の訳**

**1** ジェイソンのネズミは彼の手の上にいます。

**2** ジェイソンのネズミは彼の頭の上にいます。

**3** ジェイソンのネズミは彼の脚の上にいます。

**解説**
体の部分の言い方を聞き取る問題です。hand「手」，head「頭」，leg「脚」のほかに，arm「腕」や foot「足（足首から下の部分）」，shoulder「肩」なども覚えておきましょう。

## No. 25 解答 ①

**放送文**

**1** Lucy and Mark are at the beach.

**2** Lucy and Mark are at the bookstore.

**3** Lucy and Mark are at the bank.

**放送文の訳**

**1** ルーシーとマークは浜辺にいます。

**2** ルーシーとマークは書店にいます。

**3** ルーシーとマークは銀行にいます。

**解説**
場所を聞き取る問題です。絵には海が描かれているので **1** が正解です。beach は「ビーチサンダル」などの日本語とのつながりで覚えておきましょう。また，bookstore は book「本」と store「店」が合わさってできている単語です。あわてず，落ち着いて聞き取りましょう。

# 2020-1

## 解答一覧

### 筆記

**1**

| | | | | | |
|---|---|---|---|---|---|
| (1) | 3 | (6) | 1 | (11) | 1 |
| (2) | 1 | (7) | 4 | (12) | 1 |
| (3) | 4 | (8) | 2 | (13) | 1 |
| (4) | 1 | (9) | 2 | (14) | 2 |
| (5) | 1 | (10) | 3 | (15) | 3 |

**2**

| | | | | | |
|---|---|---|---|---|---|
| (16) | 1 | (18) | 2 | (20) | 3 |
| (17) | 2 | (19) | 2 | | |

**3**

| | | | | | |
|---|---|---|---|---|---|
| (21) | 4 | (23) | 3 | (25) | 1 |
| (22) | 3 | (24) | 1 | | |

### リスニング

**第1部**

| | | | | | |
|---|---|---|---|---|---|
| No. 1 | 1 | No. 5 | 3 | No. 9 | 2 |
| No. 2 | 2 | No. 6 | 3 | No. 10 | 3 |
| No. 3 | 1 | No. 7 | 2 | | |
| No. 4 | 1 | No. 8 | 1 | | |

**第2部**

| | | | | | |
|---|---|---|---|---|---|
| No. 11 | 4 | No. 13 | 4 | No. 15 | 1 |
| No. 12 | 2 | No. 14 | 1 | | |

**第3部**

| | | | | | |
|---|---|---|---|---|---|
| No. 16 | 3 | No. 20 | 3 | No. 24 | 2 |
| No. 17 | 3 | No. 21 | 2 | No. 25 | 1 |
| No. 18 | 1 | No. 22 | 1 | | |
| No. 19 | 2 | No. 23 | 1 | | |

## (1)　解答 **3**

訳 「私の友だちはブラジルに住んでいます。それはすてきな国です」

**1** たいこ　　**2** ページ　　**3** 国　　**4** チョーク

解説 最初の文に「ブラジルに住んでいる」とあるので，次の文はブラジルのことを話しているのだと考えられます。ブラジルは国の名前なので，**3** の「国」を空所に入れると自然につながります。

## (2)　解答 **1**

訳 A：「ジェーン，白雪姫の話を知っていますか」
B：「ええ，もちろん。大好きです」

**1** 話　　**2** 手紙　　**3** 雨　　**4** 時計

解説 Snow White は「白雪姫」です。A は B に「白雪姫」の何かを「知っていますか」と質問しているので，選択肢の中で当てはまるのは **1** の story「話，物語」です。

## (3)　解答 **4**

訳 「10月は1年で10番目の月です」

**1** 7月　　**2** 8月　　**3** 9月　　**4** 10月

解説 月の名前の問題はよく出題されます。1月から順番に言わなくても，どの月の言い方もすぐわかるようにしておきましょう。

## (4)　解答 **1**

訳 A：「あなたはふだん朝食に何を食べますか，ジョン」
B：「卵を2個とトーストです」

**1** 朝食　　　　　　　　**2** カフェテリア
**3** 朝　　　　　　　　　**4** スポーツ

解説 B の答えから，食べ物の話だとわかります。空所の前に for があることに注目します。for breakfast で「朝食に」という意味になるので **1** が正解です。「朝に」であれば in the morning,「カフェテリアで」であれば in the cafeteria と言うので，for に続く空所に入れることはできません。

## (5) 解答 **1**

**訳** 「私は家でこの辞書を使います」

**1** ～を使う      **2** ～を知っている

**3** ～を料理する      **4** ～を止める

**解説** at home は「家で」，dictionary は「辞書」という意味です。「辞書」について話しているので，空所に入れられるのは **1** の use「～を使う」です。

## (6) 解答 **1**

**訳** A：「あなたはテニスをしますか，ヨウコ」

B：「はい。これは私のラケットです」

**1** ラケット   **2** はがき    **3** フォーク   **4** 消しゴム

**解説** A と B が何について話しているかを読み取ることが大切です。ここでは tennis「テニス」について話しています。A の質問に対して B は Yes.「はい（テニスをします）」と答えているので，**1** の racket「ラケット」を入れるのが適切です。

## (7) 解答 **4**

**訳** 「冬に，私は家族と山でスキーをします」

**1** 部屋     **2** 家     **3** 机      **4** 山

**解説** 「冬に家族とスキーをする」場所としては **4** しか当てはまりません。「山で」というときはふつう in the mountains と mountain を複数形にします。

## (8) 解答 **2**

**訳** A：「お茶を 1 杯ほしいですか」

B：「はい，お願いします」

**1** テーブル      **2** (a cup of ～で) 1 杯の～

**3** いす      **4** フォーク

**解説** a cup of tea で「（カップ）1 杯のお茶」という意味です。

主に温かい飲み物を1杯と言うときは a cup of 〜 と言います。冷たい飲み物のときは a glass of water「(グラス) 1杯の水」のように a glass of 〜 と言います。あわせて覚えておきましょう。

**(9)** 解答 **2**

訳　A:「私は日本の音楽が好きです。あなたはどうですか」
　　B:「私も好きです」

**1** だれ　　　　　**2** (What about 〜? で) 〜はどうですか
**3** どこ　　　　　**4** どれ

解説　B の返答 I like it, too.「私もそれが好きだ」に注目します。この it は A の最初の発話に出てきた Japanese music「日本の音楽」のことです。空所に What を入れて，What about you?「あなたはどうですか」とすると意味が通ります。

**(10)** 解答 **3**

訳　A:「今年の夏はキャンプに行こうよ，お父さん」
　　B:「いいよ，トム」

**1** 〜を取る　　　　　　　　　**2** 〜を料理する
**3** (go+〜ing で) 〜しに行く　**4** 〜を洗う

解説　空所の後に camping があることに注目します。go を入れて，go camping「キャンプに行く」という意味にします。〈go+〜ing〉は「〜しに行く」という意味です。ほかに go swimming「泳ぎに行く」，go shopping「買い物に行く」なども覚えておきましょう。

**(11)** 解答 **1**

訳　A:「ボブ，お昼ごはんにピザを食べようよ」
　　B:「いいよ」

**1** (All right で) いいよ
**2** 小さい
**3** 幸せな
**4** 新しい

| 解　説 | Let's ～. は「いっしょに～しよう」と誘う表現です。All right. は「いいですよ，わかりました」という返事に使う表現です。 |

**(12)** 解答 **1**

| 訳 | 「ナンシーはふだん 7 時頃に起きます」 |

**1**（get up で）起きる　　**2** 知っている
**3** 見える　　　　　　　　**4** 眠る

| 解　説 | 空所の後に up があることに注目しましょう。get up で「起きる」という意味になるので **1** が正解です。ここでは主語が Nancy なので get に s が付いて gets up となっています。around は「およそ～，～頃」という意味です。 |

**(13)** 解答 **1**

| 訳 | A：「あなたはあの女性を知っていますか」
B：「はい，知っています。彼女は新しい英語の先生です」 |

| 解　説 | Do you ～? と質問されたら，Yes, I do. または No, I don't. と答えます。Yes, I am. は Are you ～? と質問されたときの答えなので間違えないように注意しましょう。 |

**(14)** 解答 **2**

| 訳 | A：「今ジャックは何をしているのですか」
B：「彼は自分の部屋で寝ています」 |

| 解　説 | 「～している（ところだ）」は〈be 動詞＋～ing〉で表します。He に続く be 動詞の形は is なので **2** が正解です。 |

**(15)** 解答 **3**

| 訳 | 「この辞書はあなたのものではありません」 |

**1** 私の　　　　　　　　　　**2** 私は
**3** あなたのもの　　　　　　**4** 彼女は

| 解　説 | 空所には「～のもの」を意味する単語を入れると意味が通ります。**3** の yours「あなたのもの」が正解です。**1** の my は my dictionary「私の辞書」のように後ろに必ず名詞がくるのでここには入りません。「私のもの」と言うには mine，「彼女のもの」と言うには hers を用います。 |

## (16) 解答 **1**

訳

先生：「今日は何曜日ですか」
生徒：「火曜日です」

**1** 火曜日です。　　　　　**2** 2月です。
**3** 5時です。　　　　　　**4** 晴れています。

解説

What day is it today? は「曜日」をたずねる表現なので，曜日を答えている **1** が正解です。「今日は何月何日ですか」と「日付」をたずねる表現の What is the date today? と混同しないようにしっかり覚えておきましょう。

## (17) 解答 **2**

訳

父親：「車の中では食べないで，ベス」
女の子：「ごめんなさい，お父さん」

**1** それは彼のではないわ，
**2** ごめんなさい，
**3** 次回また会いましょう，
**4** 私は料理ができないわ，

解説

Don't 〜. は「〜するな，〜してはいけません」という意味です。ここでは前に Please を付けて Please don't eat「食べないでください」とていねいな言い方になっています。返事として自然につながるのは謝っている **2** です。

## (18) 解答 **2**

訳

女の子：「あなたの新しい電話は何色なの？」
男の子：「黒だよ」

**1** それは冷たいよ。　　　　**2** 黒だよ。
**3** ぼくは元気だよ。　　　　**4** 約200ドルだよ。

解説

女の子の質問は What color で始まっているので色を聞いているとわかります。色を答えている **2** が正解です。

**(19)** 解答 **2**

| 訳 | 女の子：「今日私たちは買い物に行けるかしら，お父さん」
父親：「もちろん」 |

**1**　1つお願い。　　　　　　　**2**　もちろん。
**3**　それは私だよ。　　　　　　**4**　今年だよ。

| 解説 | can は「～できる」という意味です。「買い物に行けるかしら」と質問された返事として適切なのは **2** の Of course.「もちろん」です。 |

**(20)** 解答 **3**

| 訳 | 母親：「ネコが見つけられないのよ，ジョー」
男の子：「彼女はぼくの部屋にいるよ，お母さん」 |

**1**　ぼくは幸せだよ，
**2**　それだけだよ，
**3**　彼女はぼくの部屋にいるよ，
**4**　それは明日だよ，

| 解説 | 「ネコが見つけられない」という母親への返答にふさわしいのは場所を答えている **3** です。ここでの She「彼女」は人ではなく the cat「そのネコ」のことです。ペットは動物ですが，it ではなく，メスならば she，オスならば he を使うことがあります。 |

---

**筆　記**　**3**　問題編 P37～38

---

**(21)** 解答 **4**

| 正しい語順 | (Thank you for your) help. |
| 解説 | Thank you for ～. で「～をありがとう」という意味になります。正しく並べた英文は直訳すると your help「あなたの手助け」をありがとうと言っていることになります。 |

**(22)** 解答 **3**

| 正しい語順 | Osaka (is a big city). |

Osaka に be 動詞の is を続け，その後は「大都市」=「大きな都市」と考えれば，a big city とすればよいとわかります。

**(23) 解答 ③**

(Go to your room and) do your homework.

前半部分を「自分の部屋へ行きなさい，そして」と考えるとわかりやすいでしょう。「～しなさい」という命令文は動詞の原形で始めるので，Go から始めます。Go to ～ で「～へ行く」という意味です。その後に your room「自分の[あなたの]部屋」を続け，その後に and を続けます。

**(24) 解答 ①**

(Can you close the window), please?

Can you ～? は「～してくれますか」と頼むときに使う表現です。その後に「窓を閉める」という意味の close the window を続けます。

**(25) 解答 ①**

My dog (is three years old).

主語の My dog に be 動詞の is を続けます。年齢を表す「～歳」は～ years old で表します。ここでは 3 歳なので three years old とします。

〔例題〕　解答 **3**

**放送文**

Is this your bag?
1 Sure, I can.　　2 On the chair.
3 Yes, it is.

**放送文の訳**

「これはあなたのかばんですか」
1 ええ，ぼくはできます。　2 いすの上に。
3 はい，そうです。

## No.1　解答 **1**

**放送文**

When is your birthday, Chris?
1 It's December thirteenth.
2 Here it is.
3 I'm ten.

**放送文の訳**

「あなたの誕生日はいつなの，クリス？」
1 12月13日だよ。
2 はい，どうぞ。
3 ぼくは10歳だよ。

**解説**

質問は When で始まっているので「いつ」とたずねていることがわかります。日付を答えている**1**が正解です。birthday と聞こえたときに，年齢を答えている**3**を選ばないように注意しましょう。

## No.2　解答 **2**

**放送文**

Thank you for the book, Mike.
1 I like reading.　　2 You're welcome.
3 Let's go.

**放送文の訳**

「本をありがとう，マイク」
1 ぼくは読書が好きだよ。　2 どういたしまして。
3 行こう。

**解説**

Thank you とお礼を言われているので，ふさわしい返事

は「どういたしまして」という意味の，**2** の You're welcome. です。よく使う表現なので覚えておきましょう。

## No.3　解答 ①

Can you take my picture, please?

**1**　All right.　　　　　**2**　It's a camera.

**3**　I'm here.

「私の写真を撮ってくれますか」

**1**　いいですよ。　　　　**2**　それはカメラです。

**3**　私はここにいます。

take my picture は「私の写真を撮る」という意味です。Can you ～? は「～してくれますか」と頼むときに使う表現なので，返事として適切なのは **1** の All right.「いいですよ」です。

## No.4　解答 ①

Which sport do you play, baseball or soccer?

**1**　Soccer.　　　　　　**2**　At the park.

**3**　On Saturday.

「あなたはどちらのスポーツをするの，野球それともサッカー？」

**1**　サッカーだよ。　　　　**2**　公園でだよ。

**3**　土曜日にだよ。

質問は Which「どちら」で始まっています。野球とサッカーのどちらかを聞いているので，サッカーと答えている **1** が正解です。質問の最初のことばに注意して何をたずねているかしっかり聞き取りましょう。

## No.5　解答 ③

Can I see your notebook?

**1**　I like reading.　　　**2**　I'm here.

**3**　Sure.

「あなたのノートを見てもいい？」

**1**　ぼくは読書が好きだよ。　**2**　ぼくはここにいるよ。

**3** もちろん。

**解説** Can I ～? は「～してもいいですか」と許可を求める表現です。その返事としてふさわしいのは **3** です。「いいよ」という言い方はほかに All right. や OK. などがあります。

## No.6　解答 ③

**放送文**　Are you a student?

**1**　Yes, it is.　　　　**2**　Yes, you are.
**3**　Yes, I am.

**放送文の訳**　「あなたは学生ですか」

**1**　はい，それはそうです。　　**2**　はい，あなたはそうです。
**3**　はい，ぼくはそうです。

**解説**　Are you ～? という質問には Yes, I am. または No, I'm not. で答えるので，**3** が正解です。

## No.7　解答 ②

**放送文**　Is this your pencil, Lynn?

**1**　It's two dollars.　　**2**　No, it's not.
**3**　You, too.

**放送文の訳**　「これは君の鉛筆なの，リン？」

**1**　それは 2 ドルよ。　　**2**　いいえ，それは違うわ。
**3**　あなたも。

**解説**　Is this ～?「これは～ですか」と聞かれたら，返事は Yes か No で答えるのが基本です。正解は **2** で，it's は it is を短縮した形です。is not を短縮して isn't とした No, it isn't. も同じ意味で使えます。

## No.8　解答 ①

**放送文**　Mom, where's my schoolbag?

**1**　It's on the sofa.　　**2**　Yes, I can.
**3**　Science is fun.

**放送文の訳**　「お母さん，ぼくの学校のかばんはどこ？」

**1**　ソファーの上よ。　　**2**　ええ，私はできるわ。
**3**　科学はおもしろいわ。

where's は where is の短縮形<sub>たんしゅくけい</sub>で，男<sub>おとこ</sub>の子<sub>こ</sub>は「どこ」とたずねています。場所<sub>ばしょ</sub>を答<sub>こた</sub>えている **1** が答<sub>こた</sub>えとして適切<sub>てきせつ</sub>です。

## No.9 解答 ②

放送文 Look. These are my new shoes.
**1** No, I'm not.　　　　**2** They're nice.
**3** See you next time.

放送文の訳 「見<sub>み</sub>て。これらは私<sub>わたし</sub>の新<sub>あたら</sub>しい靴<sub>くつ</sub>よ」
**1** いいえ，私<sub>わたし</sub>は違<sub>ちが</sub>うよ。　　　**2** それらはすてきだね。
**3** 次回<sub>じかい</sub>また会<sub>あ</sub>おう。

解 説 女<sub>おんな</sub>の子<sub>こ</sub>は靴<sub>くつ</sub>を見<sub>み</sub>せています。それに対<sub>たい</sub>して「すてきだね」と感想<sub>かんそう</sub>を言<sub>い</sub>っている **2** が正解<sub>せいかい</sub>です。この They は These shoes「これらの靴<sub>くつ</sub>」のことです。

## No.10 解答 ③

放送文 I really love this TV show.
**1** Tomorrow night.　　　**2** I'm fine.
**3** Me, too.

放送文の訳 「ぼくはこのテレビ番組<sub>ばんぐみ</sub>が本当<sub>ほんとう</sub>に大<sub>だい</sub>好<sub>す</sub>きなんだ」
**1** 明日<sub>あした</sub>の夜<sub>よる</sub>よ。　　　　**2** 私<sub>わたし</sub>は元気<sub>げんき</sub>よ。
**3** 私<sub>わたし</sub>もよ。

解 説 TV show は「テレビ番組<sub>ばんぐみ</sub>」という意味<sub>いみ</sub>です。今<sub>いま</sub>見<sub>み</sub>ているので **1** は当<sub>あ</sub>てはまりません。また急<sub>きゅう</sub>に「元気<sub>げんき</sub>です」と言<sub>い</sub>うのもおかしいです。正解<sub>せいかい</sub>は「私<sub>わたし</sub>も」と答<sub>こた</sub>えている **3** です。

---

| リスニング | 第**2**部 | 問題編 P42 | 🔊 ▶MP3 ▶アプリ ▶CD 1 40〜45 |

## No.11 解答 ④

放送文 ☆：Hi, Mike. Where are you going?
★：I'm going to the movies. See you tomorrow at school, Susan.
**Question:** Where is Mike going now?

放送文の訳 ☆：「こんにちは，マイク。どこへ行くの？」

★：「映画に行くんだ。明日学校でね，スーザン」

質問の訳 「マイクは今どこへ行くところですか」

選択肢の訳
1　学校へ。　　　　　　2　試合へ。
3　自分の家へ。　　　　4　映画へ。

解説　質問の最後に now とあるので，マイクが「今」どこへ行くところかを答えます。スーザンの Where are you going?「どこへ行くの？」に対し，マイクは I'm going to the movies. と答えているので，**4** が正解です。学校へ行くのは tomorrow「明日」なので **1** は不正解です。

## No.12 解答 ②

放送文 ☆：Is this your cap, David?

★：No, Emma.  It's my friend Peter's.

**Question:** Whose cap is it?

放送文の訳 ☆：「これはあなたの帽子なの，デビッド？」

★：「いいえ，エマ。それは友だちのピーターのだよ」

質問の訳 「それはだれの帽子ですか」

選択肢の訳
1　デビッドの。　　　　2　ピーターの。
3　エマの。　　　　　　4　エマの友だちの。

解説　女の子（＝エマ）の質問に対し，男の子（＝デビッド）は It's my friend Peter's. と答えているので **2** が正解です。会話の中にたくさんの名前が出てくるので，1回目の放送ではだれとだれが話しているか聞き取るようにし，2回目は，だれの帽子と言っているかに注意して聞くと混乱しないでしょう。

## No.13 解答 ④

放送文 ☆：Hi, I want some chocolate pie, please.

★：That's $2.60.

**Question:** How much is the chocolate pie?

放送文の訳 ☆：「こんにちは，私はチョコレートパイがほしいです」

★：「2ドル60セントです」

| 質問の訳 | 「チョコレートパイはいくらですか」 |

| 選択肢の訳 | **1** 2ドル。 **2** 2ドル6セント。 |
| | **3** 2ドル16セント。 **4** 2ドル60セント。 |

| 解説 | sixteen と sixty は似ていますが，強く言うところ（アクセントの位置）が違います。また，語の最後をしっかり聞くことで聞き分けられます。落ち着いて聞くようにしましょう。アクセントを意識して繰り返し発音してみると違いがつかめます。 |

## No.14 解答 ①

| 放送文 | ☆：I have a guitar lesson every Wednesday. |
| | ★：Really? I have basketball practice on Wednesdays. |
| | **Question:** What does the girl do on Wednesdays? |

| 放送文の訳 | ☆：「私は毎週水曜日にギターのレッスンがあるの」 |
| | ★：「本当に？ ぼくは毎週水曜日にバスケットボールの練習があるよ」 |

| 質問の訳 | 「女の子は毎週水曜日に何をしますか」 |

| 選択肢の訳 | **1** 彼女はギターのレッスンがあります。 |
| | **2** 彼女はトランペットのレッスンがあります。 |
| | **3** 彼女はバスケットボールの練習があります。 |
| | **4** 彼女はソフトボールの練習があります。 |

| 解説 | every Wednesday も on Wednesdays も「毎週水曜日に」という意味です。質問は「女の子」がすることなので，1が正解です。 |

## No.15 解答 ①

| 放送文 | ☆：Can I have the strawberry jam, please? |
| | ★：Of course. Here you are. |
| | **Question:** What does the woman want? |

| 放送文の訳 | ☆：「そのイチゴのジャムをいただけますか」 |
| | ★：「もちろん。はい，どうぞ」 |

| 質問の訳 | 「女性は何がほしいですか」 |

| 選択肢の訳 | **1** ジャム。 **2** 砂糖。 |

36

**3** 塩。　　　　　　　　　**4** フルーツサラダ。

**解説**　Can I have 〜, please? は「〜をいただけますか」という依頼の表現です。女性は strawberry jam と言っています。選択肢に strawberry「イチゴ」はありませんが，**1** の jam「ジャム」が正解です。

---

**リスニング**　**第3部**　問題編 P43〜44　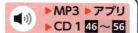

## No.16 解答 ③

**放送文**
1　The boys are reading.
2　The boys are writing.
3　**The boys are running.**

**放送文の訳**
1　男の子たちは読んでいます。
2　男の子たちは書いています。
3　**男の子たちは走っています。**

**解説**　「〜しています，〜しているところです」は〈be 動詞 + 〜ing〉で表します。絵を見ると3人の男の子が走っているので，**3**が正解です。writing は write「書く」の，running は run「走る」の ing 形です。

## No.17 解答 ③

**放送文**
1　Richard is at the library.
2　Richard is at the bank.
3　**Richard is at the zoo.**

**放送文の訳**
1　リチャードは図書館にいます。
2　リチャードは銀行にいます。
3　**リチャードは動物園にいます。**

**解説**　〈be 動詞 + at 〜〉で「〜にいます」という意味です。絵にはキリンやサルが見えるので，動物園（zoo）にいるとわかります。library は「図書館」，bank は「銀行」という意味です。

## No. 18 解答 ①

**放送文**
1 Koji is writing a letter to his friend.
2 Koji is speaking to his friend.
3 Koji is listening to his friend.

**放送文の訳**
1 コウジは友だちに手紙を書いています。
2 コウジは友だちに話しかけています。
3 コウジは友だちの話を聞いています。

**解説**
絵の中の Dear Tom「トムへ」は英語で手紙を書くときの出だしの表現なので，letter「手紙」を書いているという意味の **1** が正解です。speak to ～ は「～に話しかける，～と話す」，listen to ～ は「～を聞く」という意味です。

## No. 19 解答 ②

**放送文**
1 Jay gets up at 7:40 a.m.
2 Jay gets up at 7:45 a.m.
3 Jay gets up at 7:55 a.m.

**放送文の訳**
1 ジェイは午前 7 時 40 分に起きます。
2 ジェイは午前 7 時 45 分に起きます。
3 ジェイは午前 7 時 55 分に起きます。

**解説**
絵の中に時計があったら，その時刻の言い方を思い浮かべてから放送を聞くようにします。forty-five「45」と fifty-five「55」を混同しないようにしましょう。

## No. 20 解答 ③

**放送文**
1 Mary and Mike are looking at a train.
2 Mary and Mike are looking at a bus.
3 Mary and Mike are looking at a ship.

**放送文の訳**
1 メアリーとマイクは電車を見ています。
2 メアリーとマイクはバスを見ています。
3 メアリーとマイクは船を見ています。

**解説**
look at ～ で「～を見る」という意味です。絵に描かれているのは船なので **3** の ship が正解です。train は「電車」，bus は「バス」という意味です。

## No. 21 解答 ②

**放送文**
1 The butterfly is on Bill's head.
2 The butterfly is on Bill's arm.
3 The butterfly is on Bill's leg.

**放送文の訳**
1 チョウはビルの頭に止まっています。
2 チョウはビルの腕に止まっています。
3 チョウはビルの脚に止まっています。

**解説**
絵を見ると，チョウは男の子の腕（arm）に止まっているので**2**が正解です。head は「頭」，leg は「脚」という意味です。体の部位の言い方はよく出題されるのでしっかり覚えておきましょう。

## No. 22 解答 ①

**放送文**
1 The score is 15 to 12.
2 The score is 50 to 20.
3 The score is 5 to 20.

**放送文の訳**
1 得点は 15 対 12 です。
2 得点は 50 対 20 です。
3 得点は 5 対 20 です。

**解説**
絵の中に数字があったらその言い方を思い浮かべてから放送を聞くようにしましょう。12(twelve) と 20(twenty) は混同しやすいのでしっかり覚えておきましょう。

## No. 23 解答 ①

**放送文**
1 Shelly is speaking to a waiter.
2 Shelly is speaking to a doctor.
3 Shelly is speaking to a pilot.

**放送文の訳**
1 シェリーはウエーターに話しています。
2 シェリーは医者に話しています。
3 シェリーはパイロットに話しています。

**解説**
職業の名前の問題です。絵を見るとレストランで注文をしている場面のようなので，女性が話しかけている相手はwaiter「ウエーター」です。doctor は「医者」，pilot は

「パイロット」という意味です。

## No. 24 解答 ②

放送文
**1** The cat is sleeping on the chair.

**2** The cat is sleeping on the piano.

**3** The cat is sleeping on the desk.

放送文の訳
**1** ネコはいすの上で寝ています。

**2** ネコはピアノの上で寝ています。

**3** ネコは机の上で寝ています。

解 説
on 〜 は「〜の上で，〜の上に」という意味です。絵の中のネコはピアノの上で寝ているので **2** が正解です。chair は「いす」，desk は「机」という意味です。

## No. 25 解答 ①

放送文
**1** The girls like hiking.

**2** The girls like swimming.

**3** The girls like painting.

放送文の訳
**1** 女の子たちはハイキングが好きです。

**2** 女の子たちは水泳が好きです。

**3** 女の子たちは絵を描くのが好きです。

解 説
〈like + 〜ing〉は「〜するのが好きだ」という意味です。絵の女の子たちはハイキングをしているので **1** が正解です。

# 2019-3

## 解答一覧

**筆記**

**1**

| | | | | | |
|---|---|---|---|---|---|
| (1) | 1 | (6) | 1 | (11) | 2 |
| (2) | 4 | (7) | 3 | (12) | 2 |
| (3) | 3 | (8) | 4 | (13) | 4 |
| (4) | 3 | (9) | 2 | (14) | 1 |
| (5) | 3 | (10) | 1 | (15) | 4 |

**2**

| | | | | | |
|---|---|---|---|---|---|
| (16) | 1 | (18) | 2 | (20) | 4 |
| (17) | 3 | (19) | 4 | | |

**3**

| | | | | | |
|---|---|---|---|---|---|
| (21) | 1 | (23) | 3 | (25) | 2 |
| (22) | 4 | (24) | 4 | | |

**リスニング**

**第1部**

| | | | | | |
|---|---|---|---|---|---|
| No. 1 | 2 | No. 5 | 2 | No. 9 | 1 |
| No. 2 | 2 | No. 6 | 3 | No. 10 | 2 |
| No. 3 | 3 | No. 7 | 2 | | |
| No. 4 | 2 | No. 8 | 3 | | |

**第2部**

| | | | | | |
|---|---|---|---|---|---|
| No. 11 | 1 | No. 13 | 3 | No. 15 | 4 |
| No. 12 | 1 | No. 14 | 2 | | |

**第3部**

| | | | | | |
|---|---|---|---|---|---|
| No. 16 | 3 | No. 20 | 1 | No. 24 | 2 |
| No. 17 | 1 | No. 21 | 2 | No. 25 | 3 |
| No. 18 | 1 | No. 22 | 3 | | |
| No. 19 | 2 | No. 23 | 2 | | |

## (1) 解答 **1**

**訳**
A：「あなたは何色が好きですか，スー」
B：「私はピンクが好きです」

**1** ピンク　　**2** テニス　　**3** 魚　　**4** 氷

**解説**
A は B に好きな color「色」を質問しています。B は色を答えたと考えるのが自然です。選択肢の中で色は **1** の「ピンク」だけなので，**1** が正解です。

## (2) 解答 **4**

**訳**
A：「昼食といっしょに何を飲みますか，ミック」
B：「トマトジュースです」

**1** 〜を洗う　　**2** 走る　　**3** 来る　　**4** 〜を飲む

**解説**
with はここでは「〜といっしょに」という意味です。A は「昼食といっしょに何がほしいか」と質問したと想像できますが，選択肢を探しても want はありません。選択肢をよく見ると，drink「〜を飲む」があります。B の答えが「トマトジュースです」なので，「何を飲みますか」と質問したと考えられます。

## (3) 解答 **3**

**訳**
「東京では今年の夏はとても暑いです」

**1** やわらかい　　　　　　**2** 速い
**3** 暑い　　　　　　　　　**4** 高い

**解説**
東京の「夏」のことなので，天候に関する **3** の hot「暑い」を入れるのが自然だと判断できます。It is hot. や It is sunny.「晴れている」のように，It を主語にして天候を表す言い方に慣れておきましょう。

## (4) 解答 **3**

**訳**
A：「いつ宿題をしますか，テッド」
B：「夕食の前です。夕食の後はぼくは本を読みます」

**1** 上に　　　**2** 〜の　　　**3** 〜の前に　　**4** 〜の上に

**解説**　A は When「いつ」と質問しています。空所の後に dinner とあるので，B は夕食の「前」か「後」に宿題をすると答えたと考えられます。2つ目の文で After dinner「夕食の後は」本を読むと言っているので，宿題は Before dinner「夕食の前に」すると答えたと推測できます。

**(5)　解答 ③**

**訳**　A：「昼食にサンドイッチを作ろうよ，お母さん」
B：「作れないわ。パンがないの」
1 雪　　　2 雨　　　3 パン　　　4 氷

**解説**　Let's 〜. は「〜しよう」と誘うときに使う表現です。B は We can't.「（サンドイッチは）作れないわ」と答えています。空所に 3 の bread「パン」を入れれば，サンドイッチが作れないという発言に自然につながります。

**(6)　解答 ①**

**訳**　A：「これは君の新しい電話かい，アリス」
B：「いいえ，お父さん。それは私の古いほうよ」
1 新しい　　2 長い　　3 毎〜　　4 すべての

**解説**　B が No と答えていることに注目します。続けて B は「それは私の古いほうよ」と言っています。答えが No になるということは，A はこれは「新しい」電話かとたずねたと考えられます。

**(7)　解答 ③**

**訳**　A：「今日は何か宿題がありますか，ベッキー」
B：「ええ，理科の宿題があります。簡単です」
1 背が高い　2 遅い　　3 簡単な　　4 小さい

**解説**　空所の前の It は science homework をさします。理科の宿題について「〜です」と自然につながるのは，3 の easy「簡単な」です。science には「科学」のほかに，学校の科目としての「理科」という意味があります。

**(8)　解答 ④**

**訳**　「デビッドは自分の部屋で音楽を聞いています」

| **1** 演奏している | **2** 手に入れている |
|---|---|
| **3** 見ている | **4** 聞いている |

**解説** 空所の後に to があります。listen to ～ で「～を聞く」という意味です。その後に music「音楽」が続くことからも，空所には listen を入れるのが自然です。

## (9) 解答 ②

**訳** A:「私の家へようこそ。どうぞお入りください」

B:「ありがとう」

**1** 下に **2** ～へ **3** ～の上に **4** ～の

**解説** Welcome to ～. で「～へようこそ」という意味です。Welcome to our school.「私たちの学校へようこそ」のように，来客を歓迎するときに使う表現です。

## (10) 解答 ①

**訳** 「ジャックは毎週末，お兄さん[弟]とプールで泳ぎに行きます」

**1** 行く **2** 歩く **3** すわる **4** 話す

**解説** 〈go + ～ing〉で「～しに行く」という意味です。よく出題される表現なので，go shopping「買い物に行く」，go fishing「釣りに行く」，go camping「キャンプに行く」なども覚えておきましょう。

## (11) 解答 ②

**訳** A:「夏のキャンプについて話しましょう」

B:「いいですよ」

| **1** 眠る | **2** 話す |
|---|---|
| **3** 知っている | **4** 開く |

**解説** 「夏のキャンプについて」と続くので，**2** の talk「話す」が自然です。**3** の know は「知っている，わかっている」という状態を表す語なので，この文には合いません。

## (12) 解答 ②

**訳** A:「このブドウはいくらですか」

B:「400円です」

| **1** ～について | **2** （How much で）いくら |
|---|---|

44

**3** 速い           **4** 古い

解説 B は「400 円です」と値段を答えているので，A は「いくらですか」とたずねたと考えるのが自然です。値段をたずねるときは How much で文を始めます。

**(13)** 解答 **4**

訳 A：「ルーシーは毎週土曜日にテニスをしますか」

B：「いいえ，しません」

解説 問題文を最後まで注意して読みましょう。A の文の最後に「?」が付いていて，「テニスをしますか」と質問したとわかります。この文では Lucy が主語です。主語が I, you 以外の 1 人または 1 つのときは，「〜しますか」とたずねるには Does Lucy play 〜? のように Does で始めます。

**(14)** 解答 **1**

訳 「私の家から富士山が見えます」

**1** 〜を見る           **2** 〜を見る

**3** 〜を見ている        **4** 〜を見た

解説 動詞の正しい形を選ぶ問題です。can などの助動詞の後には動詞の原形がくるので，**1** の see が正解です。

**(15)** 解答 **4**

訳 A：「ジャネットはどこの出身ですか」

B：「彼女はシンガポール出身です」

**1** なぜ      **2** だれが      **3** だれの      **4** どこ

解説 B が She's from Singapore.「彼女はシンガポール出身です」と答えているので，A は Janet の出身地を Where is Janet from? とたずねたと想像できます。話している相手にたずねるなら，Where are you from?「あなたはどこの出身ですか」と言います。

**(16) 解答 1**

訳

女の子：「あの男の人はだれですか」
男の子：「彼は私の先生です」

**1** 彼は私の先生です。　　　　**2** そのとおりです。

**3** いいえ，違います。　　　　**4** さようなら，また明日。

解説

Who は「だれ」とたずねるときの語なので，人について答えている **1** の「彼は私の先生です」が返答として自然です。

**(17) 解答 3**

訳

男の子：「今日は何日ですか」
母親：「8月1日です」

**1** 私は7月に行きます。　　　**2** 5時です。

**3** 8月1日です。　　　　　　**4** 私は春が好きです。

解説

男の子の質問は日付をたずねる表現なので，**3** が正解です。日付は What is the date today?，曜日は What day is it today?，時刻は What time is it? のようにたずねます。どの質問にも，答えるときは文を It で始めます。

**(18) 解答 2**

訳

男の子：「毎日コンピューターゲームをしますか」
女の子：「いいえ，日曜日だけです」

**1** 私の部屋で。　　　　　　　**2** 日曜日だけに。

**3** 私は違います。　　　　　　**4** これはあなたのです。

解説

「毎日〜をしますか」という質問に No と答えた後，自然に続くのは **2** の only on Sundays.「日曜日だけです」です。on Sundays のように曜日に s を付けると，「毎週日曜日に」という意味になります。

**(19) 解答 4**

訳

女の子：「どのノートがあなたのものですか」
男の子：「黒いのです」

**1** はい，できます。　　　　　**2** 100円です。

**3** そのとおりです。　　　**4** 黒いのです。

解　説 Which は「どの」とたずねる語です。yours は「あなたのもの」という意味です。「どのノートがあなたのものですか」と聞かれた答えとしてふさわしいのは **4** です。

## (20) 解答 ④

訳 女の子：「今日はお元気ですか，コンリンさん」
女性：「元気です，ありがとう」

**1** それは私のです，　　　**2** 明日です，
**3** 私の友だちです，　　　**4** 元気です，

解　説 How are you?は人と会ったときに使うあいさつの表現で，「調子はどうですか，お元気ですか」という意味です。これに対して，ふつうは I'm fine, thank you. や I'm good, thank you. など，決まった表現で答えます。最後に thank you を付けるのを忘れないようにしましょう。

19年度第3回　筆記

---

| 筆　記 | **3** | 問題編 P51～52 |

## (21) 解答 ①

正しい語順 (How many CDs can) you buy?

解　説 「何枚」と数をたずねるときは How many で文を始め，CDs のように名詞の複数形を続けます。空所に語句を書き入れてから1番目と3番目の番号を確認すると，確実に解答できます。

## (22) 解答 ④

正しい語順 (Are the children at the park)?

解　説 日本文をしっかり最後まで読み，「いますか」と最後に「か」が付いていることを見落とさないようにしましょう。疑問文を作るので，Are を文頭に置きます。

## (23) 解答 ③

正しい語順 Ann and (Tom are playing tennis) with their father.

〈be 動詞＋〜ing〉で「〜している（ところだ）」という意味になります。よく出題される表現です。ここでは主語の Ann and Tom の後に，「テニスをしています」という意味になるように are playing tennis という順番に単語を並べます。

## (24) 解答 ④

(My sister washes the dishes) every day.

「お皿を洗います」を英語でどう言うか，語順に注意しましょう。washes「〜を洗う」の後に the dishes「お皿」を続けます。

## (25) 解答 ②

Sarah, (it's time for breakfast).

「〜の時間です」と言うときは It's time for 〜. という表現を使います。よく出題される表現なので，for のくる位置を確認しておきましょう。

〔例題〕 **解答 ③**

放送文 Is this your bag?
**1** Sure, I can. **2** On the chair.
**3** Yes, it is.

放送文の訳 「これはあなたのかばんですか」
**1** ええ，ぼくはできます。 **2** いすの上に。
**3** はい，そうです。

## No.**1** 解答 **②**

放送文 Look at those flowers.
**1** You, too. **2** They're very pretty.
**3** I'm fine, thanks.

放送文の訳 「あの花を見て」
**1** あなたもね。 **2** とてもきれいね。
**3** 元気です，ありがとう。

解説 イラストを見ると，2人の人が花だんの前で話しています。男性は「あの花を見て」と言っているので，女性が**1**のように「あなたもね」と返事をするのは不自然です。**2**の「とてもきれいね」が正解です。

## No.**2** 解答 **②**

放送文 See you on Monday.
**1** You're tall. **2** Bye, Mrs. Nelson.
**3** I like school.

放送文の訳 「月曜日に会いましょう」
**1** あなたは背が高いです。 **2** さようなら，ネルソン先生。
**3** 私は学校が好きです。

解説 See you on Monday.「月曜日に会いましょう」は別れるときのあいさつです。See you.「さようなら」だけでもよく使います。イラストは学校の校舎内のようですが，

49

school が入っている **3** を選んでしまわないよう，会話の内容をしっかり聞いて選ぶようにしましょう。

## No.3　解答 ③

**放送文**　Do you know any English songs?
**1**　Yes, I'm fine.　　　**2**　Yes, they are.
**3**　Yes, I do.

**放送文の訳**　「あなたは英語の歌を何か知っていますか」
**1**　はい，元気です。　　　**2**　はい，それらはそうです。
**3**　はい，知っています。

**解説**　Do you ～? と聞かれたら，Yes, I do. または No, I don't. と答えるのが基本です。この会話では，Yes, I do. は Yes, I know some English songs. という内容を表しています。

## No.4　解答 ②

**放送文**　Whose violin is that?
**1**　I like music.　　　**2**　My mother's.
**3**　It's a CD.

**放送文の訳**　「あれはだれのバイオリンなの？」
**1**　私は音楽が好きよ。　　　**2**　私の母のよ。
**3**　それは CD よ。

**解説**　Whose は「だれの」という意味です。だれのものかを答えているのは **2** だけなので，**2** が正解です。My mother's のように名詞に 's を付けて「～の（もの）」という意味を表すことができます。

## No.5　解答 ②

**放送文**　How tall is the tower?
**1**　It's Monday today.　　　**2**　Three hundred meters.
**3**　I like it.

**放送文の訳**　「あのタワーはどれくらいの高さですか」
**1**　今日は月曜日です。　　　**2**　300 メートルです。
**3**　私はそれが好きです。

**解説** How tall ～？は高さをたずねる質問なので，応答としてふさわしいのは**2**です。meters は meter「メートル」の複数形です。1メートルは1 meter ですが，1メートルを超えると2 meters のように単位も複数形になります。

## No.6　解答 ③

**放送文** Is math easy for you?
**1** It's Saturday.　　　　**2** I like school.
**3** No, it isn't.

**放送文の訳** 「数学[算数]はあなたにとって簡単なの？」
**1** 土曜日だよ。　　　　　**2** ぼくは学校が好きだよ。
**3** いいえ，違うよ。

**解説** Is ～？「～ですか」という質問には Yes か No を使って答えます。したがって，No で答えている**3**が正解です。ここでの No, it isn't. は No, math is not easy for me. という意味です。

## No.7　解答 ②

**放送文** What are you writing?
**1** At home.　　　　　**2** A letter to Grandma.
**3** I like summer.

**放送文の訳** 「何を書いているの？」
**1** 家でだよ。　　　　　**2** おばあちゃんへの手紙だよ。
**3** ぼくは夏が好きだよ。

**解説** イラストをよく見ましょう。男の子は何かを書いていて，机の上には封筒も見えます。「何を書いているの？」という質問なので，**2**がふさわしい応答だと判断できます。

## No.8　解答 ③

**放送文** When is your sister's birthday?
**1** Five years old.　　**2** A cake.
**3** In March.

**放送文の訳** 「お姉さん[妹さん]の誕生日はいつなの？」
**1** 5歳だよ。　　　　　**2** ケーキだよ。

**3** 3月だよ。

解説 質問は When で始まっています。文の初めを聞き逃さないようにしましょう。When は「いつ」という意味なので，3が正解です。

# No.9 解答 ①

放送文
Where is Dad?

**1** He's at the supermarket.

**2** I don't have it.

**3** It's my friend's.

放送文の訳
「お父さんはどこ？」

**1** スーパーマーケットにいるわ。

**2** 私はそれを持っていないわ。

**3** それは私の友だちのよ。

解説 質問の最初の単語に注意しましょう。Where は「どこ」という意味なので，場所を答えている1が正解です。

# No.10 解答 ②

放送文
What color do you like?

**1** Science.　　　　**2** Purple.

**3** Hot dogs.

放送文の訳
「あなたは何色が好きなの？」

**1** 理科だよ。　　　　**2** 紫だよ。

**3** ホットドッグだよ。

解説 What color「何色」とたずねているので，色を答えている2が正解です。〈What＋名詞〉で「何の～，どんな～」という意味です。What food do you like?「どんな食べ物が好きですか」のように使います。

## No.11 解答 ①

（放送文）★：Donna, do you go to school by bike?

☆：No, I go by bus.

**Question:** How does Donna go to school?

放送文の訳 ★：「ドナ，あなたは学校に自転車で行きますか」

☆：「いいえ，私はバスで行きます」

質問の訳 「ドナはどうやって学校に行きますか」

選択肢の訳
**1** 彼女はバスに乗ります。
**2** 彼女は自転車で行きます。
**3** 彼女は電車に乗ります。
**4** 彼女はお母さんと行きます。

解説 1回目の放送では，何を質問されるかよく聞きましょう。質問の How は「どのように，どうやって」という意味です。ドナがどうやって学校に行くと言っているかに注意して，2回目の放送を聞くようにしましょう。

## No.12 解答 ①

（放送文）★：Mom, where's my cap?

☆：It's on your bed.

**Question:** Where is the boy's cap?

放送文の訳 ★：「お母さん，ぼくの帽子はどこ？」

☆：「あなたのベッドの上よ」

質問の訳 「男の子の帽子はどこにありますか」

選択肢の訳
**1** 彼のベッドの上に。　　**2** 彼の机の下に。
**3** 台所に。　　　　　　　**4** 学校に。

解説 on，in，under など，物の位置を表す表現はよく出題されます。光景を思い浮かべながら聞くようにしましょう。この問題の場合は，お母さんの応答を聞いて，帽子がベッドの上に置いてある様子を思い浮かべられるとよいですね。

## No. 13 解答 ③

放送文 ★：What are you doing, Lucy?

☆：I'm making cookies.  They are for a school party.

**Question:** What is Lucy doing?

放送文の訳 ★：「あなたは何をしているの，ルーシー？」

☆：「クッキーを作っているの。学校のパーティーのためよ」

質問の訳 「ルーシーは何をしていますか」

選択肢の訳
1　ケーキを食べている。　　2　パーティーをしている。
3　クッキーを作っている。　4　学校に行っている。

解説 ルーシーの発言に出てくる cookies, school, party という語が選択肢に出てきます。迷わないように正解を選ぶためには，質問で何を聞かれているかに注意する必要があります。質問は「何をしていますか」なので，**3** が正解です。

## No. 14 解答 ②

放送文 ★：I go skiing every December.

☆：Really?  I sometimes go skiing in January or February.

**Question:** When does the man go skiing?

放送文の訳 ★：「私は毎年12月にスキーに行きます」

☆：「本当ですか。私はときどき1月か2月にスキーに行きます」

質問の訳 「男性はいつスキーに行きますか」

選択肢の訳
1　毎年11月に。　　　　　2　毎年12月に。
3　毎年1月に。　　　　　4　毎年2月に。

解説 質問は the man「男性」についてです。男性は先に発言していますね。ですから，正解は **2** です。月の名前はよく出題されるので，英語を聞いてすぐに何月かわかるように覚えておきましょう。

## No. 15 解答 ④

放送文 ★：Are you reading a textbook, Mary?

☆：No.  I'm reading a magazine.

**Question:** What is Mary reading?

| 放送文の訳 | ★：「教科書を読んでいるの，メアリー？」 |
| | ☆：「いいえ。雑誌を読んでいるのよ」 |
| 質問の訳 | 「メアリーは何を読んでいますか」 |
| 選択肢の訳 | **1** 教科書。　　　　　　　　**2** 手紙。 |
| | **3** メール。　　　　　　　　**4** 雑誌。 |

解　説　メアリーが No. と言っていることに注意します。textbook 「教科書」ではなく magazine「雑誌」を読んでいるのですね。**3** の e-mail は「メール」のことです。

---

**リスニング**　第**3**部　問題編 P57〜58　🔊　▶MP3 ▶アプリ ▶CD 1 **74**〜**84**

## No. 16　解答 ③

放送文
1　Mr. Smith is washing a potato.
2　Mr. Smith is buying a potato.
3　Mr. Smith is cutting a potato.

放送文の訳
1　スミスさんはジャガイモを洗っています。
2　スミスさんはジャガイモを買っています。
3　スミスさんはジャガイモを切っています。

解　説　イラストを見ると，男の人が何かを切っています。放送を聞く前にイラストをしっかり見ておくと，聞き取るときの助けになります。〈be 動詞＋〜ing〉で「〜している（ところだ）」という意味になります。**3** では is cutting で「切っている」という意味です。

## No. 17　解答 ①

放送文
1　A girl is making paper planes.
2　A girl is making sandwiches.
3　A girl is making cups.

放送文の訳
1　女の子が紙飛行機を作っています。
2　女の子がサンドイッチを作っています。
3　女の子がカップを作っています。

解　説　イラストを見ると，女の子が紙を折っているとわかります。

テーブルの上に紙飛行機がのっているので，女の子が「紙飛行機を作っている」と考えるのが自然です。

## No. 18 解答 ①

**放送文**
1 James is speaking to a doctor.
2 James is speaking to a cook.
3 James is speaking to a pilot.

**放送文の訳**
1 ジェームズは医者と話しています。
2 ジェームズはコックと話しています。
3 ジェームズはパイロットと話しています。

**解説**
イラストの中の男性は聴診器を下げているので，職業は「医者」だと推測できます。このほかにもいろいろな職業の名前が出題されるので，まとめて覚えるようにしましょう。

## No. 19 解答 ②

**放送文**
1 This hat is 100 yen.
2 This hat is 1,000 yen.
3 This hat is 1,010 yen.

**放送文の訳**
1 この帽子は100円です。
2 この帽子は1,000円です。
3 この帽子は1,010円です。

**解説**
イラストの中に数字が出てきたら，放送が流れる前にその数字の言い方を思い浮かべると正解を選びやすくなります。このイラストには¥1,000と書いてあるので，2が正解です。

## No. 20 解答 ①

**放送文**
1 The children are studying.
2 The children are listening to the radio.
3 The children are singing.

**放送文の訳**
1 子どもたちは勉強しています。
2 子どもたちはラジオを聞いています。
3 子どもたちは歌っています。

**解説**
イラストの中の子どもたちは勉強しているので，studyingと言っている1を選びます。study「勉強する」，listen

to ～「～を聞く」，sing「歌う」など，よく使う基本的な動詞をしっかり学習しておきましょう。

## No. 21 解答 ②

**放送文**
**1** It's five forty-five in the morning.
**2** It's five fifty in the morning.
**3** It's five fifty-five in the morning.

**放送文の訳**
**1** 朝の5時45分です。
**2** 朝の5時50分です。
**3** 朝の5時55分です。

**解 説**
時刻を聞き取る問題です。時計を見てすぐに時刻が言えるように練習しておきましょう。2回目の放送も落ち着いて聞き，数字をしっかり聞き取るようにしましょう。

## No. 22 解答 ③

**放送文**
**1** The bird is on Ted's foot.
**2** The bird is on Ted's head.
**3** The bird is on Ted's finger.

**放送文の訳**
**1** 鳥はテッドの足の上にいます。
**2** 鳥はテッドの頭の上にいます。
**3** 鳥はテッドの指の上にいます。

**解 説**
鳥が男の子の指にとまっています。「指」は finger なので，**3** が正解です。顔や体の部位の名前もよく出題されます。

## No. 23 解答 ②

**放送文**
**1** Mika likes fishing with her father.
**2** Mika likes swimming with her father.
**3** Mika likes running with her father.

**放送文の訳**
**1** ミカはお父さんと釣りをするのが好きです。
**2** ミカはお父さんと泳ぐのが好きです。
**3** ミカはお父さんと走るのが好きです。

**解 説**
like は「～が好きだ」という意味で，〈like＋～ing〉で「～するのが好きだ」という意味になります。女の子と男性が楽しそうにプールで泳いでいるので，正解は **2** です。

## No. 24 解答 ②

1 The girls are watching a football game.
2 The girls are watching a baseball game.
3 The girls are watching a basketball game.

1 女の子たちはフットボールの試合を見ています。
2 女の子たちは野球の試合を見ています。
3 女の子たちはバスケットボールの試合を見ています。

イラストにはバットを構えた人などが描かれているので，野球をしているとわかります。**1** の football は，アメリカでは主にアメリカンフットボールを，イギリスではサッカーまたはラグビーをさします。

## No. 25 解答 ③

1 A horse is standing by a tree.
2 A sheep is standing by a tree.
3 An elephant is standing by a tree.

1 ウマが木のそばに立っています。
2 ヒツジが木のそばに立っています。
3 ゾウが木のそばに立っています。

動物の名前の問題です。sheep が何かわからなくても，elephant がわかれば大丈夫なのであわてないようにしましょう。英語の動物名は，kangaroo「カンガルー」や koala「コアラ」など日本語のかたかな語になっているものもありますが，発音は少し違います。発音までしっかり確認して学習しておきましょう。

# 2019-2

## 解答一覧

**筆記**

**1**

| (1) | 3 | (6) | 4 | (11) | 4 |
|---|---|---|---|---|---|
| (2) | 3 | (7) | 4 | (12) | 2 |
| (3) | 2 | (8) | 2 | (13) | 2 |
| (4) | 1 | (9) | 2 | (14) | 3 |
| (5) | 4 | (10) | 3 | (15) | 4 |

**2**

| (16) | 2 | (18) | 4 | (20) | 3 |
|---|---|---|---|---|---|
| (17) | 3 | (19) | 1 | | |

**3**

| (21) | 3 | (23) | 2 | (25) | 2 |
|---|---|---|---|---|---|
| (22) | 1 | (24) | 4 | | |

**リスニング**

| 第1部 | No. 1 | 3 | No. 5 | 3 | No. 9 | 2 |
|---|---|---|---|---|---|---|
| | No. 2 | 1 | No. 6 | 2 | No. 10 | 2 |
| | No. 3 | 2 | No. 7 | 1 | | |
| | No. 4 | 3 | No. 8 | 1 | | |

| 第2部 | No. 11 | 4 | No. 13 | 2 | No. 15 | 2 |
|---|---|---|---|---|---|---|
| | No. 12 | 2 | No. 14 | 3 | | |

| 第3部 | No. 16 | 1 | No. 20 | 3 | No. 24 | 2 |
|---|---|---|---|---|---|---|
| | No. 17 | 2 | No. 21 | 3 | No. 25 | 3 |
| | No. 18 | 3 | No. 22 | 1 | | |
| | No. 19 | 1 | No. 23 | 2 | | |

## (1)　解答 **3**

**訳**
A：「あなたはどうやって学校に行きますか，ジェイソン」
B：「ぼくは電車で行きます」

**1**　〜といっしょに　　　　　　　**2**　〜の
**3**　(by train で) 電車で　　　　**4**　〜の上に

**解説**
「〜で行く」と交通手段を答えるときは by を使います。したがって，by train となる **3** が正解です。by <u>a</u> train や by <u>the</u> train とはならない点に注意しましょう。ほかに by bus「バスで」，by bicycle「自転車で」などと言います。なお，「徒歩で」は on foot と言います。

## (2)　解答 **3**

**訳**
A：「あなたは何色が好きですか」
B：「私は緑が好きです」

**1**　年　　　　**2**　歌　　　　**3**　色　　　　**4**　映画

**解説**
What 〜 do you like? は「どんな〜が好きですか」という意味です。B が I like green.「私は緑が好きです」と答えているので，好きな color「色」をたずねているとわかります。

## (3)　解答 **2**

**訳**
A：「マイクはどこにいますか」
B：「彼は公園で野球をしています」

**1**　時間　　　**2**　公園　　　**3**　顔　　　　**4**　世界

**解説**
A の質問は Where で始まっていて，「どこ」とマイクのいる場所をたずねています。B はマイクが「〜で野球をしています」と答えています。空所に **2** の park「公園」を入れると「公園で野球をしています」という自然な文ができます。**4** の world「世界」も場所を表しますが，応答として不自然です。

**(4)** 　解答　**1**

**訳**　「今日は晴れています。私は帽子が必要です」

**1**　〜が必要だ　　　　　　**2**　〜を開く

**3**　〜を勉強する　　　　　**4**　〜を書く

**解説**　sunny「晴れている」日には，帽子をどうするかを考えます。need a hat「帽子が必要です」とすると自然な文になります。ほかの動詞を入れると hat と意味がうまくつながりません。

**(5)** 　解答　**4**

**訳**　A：「あなたは自分のかばんを持っていますか，スティーブ」

B：「はい。それは机の下にあります」

**1**　〜について　　　　　　**2**　〜へ

**3**　〜に囲まれて　　　　　**4**　〜の下に

**解説**　B は自分のかばんがある場所を答えています。under the desk「机の下に」とすると意味が通ります。なお，**3** の among は，The house is among the trees.「その家は木々に囲まれています」のように，たくさんあるもの（ふつう 3 つ以上）に囲まれているときに使うので，ここでは使えません。

**(6)** 　解答　**4**

**訳**　「この帽子は大きすぎます。私は小さいのがほしいです」

**1**　高い　　**2**　忙しい　　**3**　高い　　**4**　小さい

**解説**　最初の文の too 〜 は「〜すぎる」という意味で，ここでは too big「大きすぎます」と言っています。したがって，「ほしい」のは big の反対の small「小さい」ものだとわかります。なお，**1** の tall も **3** の high も「高い」という意味です。tall は人，木，ビルなど細長いものが高いことを表します。high は山などに使い，人には使いません。

**(7)** 解答 **4**

訳 A：「あなたは動物が好きですか」

B：「はい，私はネコとイヌが好きです」

**1** ゲーム　　**2** 辞書　　**3** 鳥　　**4** 動物

解説 Aの「～が好きですか」という質問に対して，BはYes「はい」と答えてから「ネコとイヌ」が好きだと言っています。このことを考えると，Aは「動物が好きですか」とたずねたとわかります。

**(8)** 解答 **2**

訳 A：「デパートに買い物に行きましょう，ティナ」

B：「いいですよ」

**1** ～を持つ　　　　　　　**2** (go +～ing で) ～しに行く

**3** 歩く　　　　　　　　　**4** ～を話す

解説 go shoppingで「買い物に行く」という意味になります。〈go +～ing〉は「～しに行く」という意味で，ほかに go fishing「釣りに行く」，go camping「キャンプに行く」，go swimming「泳ぎに行く」などと言うことができます。

**(9)** 解答 **2**

訳 A：「すみません。図書館はどこですか」

B：「あちらです」

**1** 彼を

**2** (Excuse me. で) すみません。

**3** 彼女を

**4** 彼らを

解説 excuse は「～を許す」という意味ですが，Excuse me. で「すみません」と人に声をかけるときの表現になります。Excuse me. はほかに「失礼します」「ちょっとごめんなさい」などと言うときにも使います。

**(10)** 解答 **3**

訳 A：「あなたはブドウは好きですか，ジミー」

B：「いいえ，好きではありません。あなたはどうですか，アン」

A：「私は大好きです」

**1** 下へ

**2** 上へ

**3** （How about you? で）あなたはどうですか。

**4** ～の

解説　How about you? で「あなたはどうですか」という意味になります。「ブドウは好きですか」という A の質問に，B は No と答え，続けて How about you, Ann?「あなたはどうですか，アン」と問い返しているのです。

## (11) 解答 **4**

訳　A：「マイクはどこにいますか」

B：「彼はベッドで寝ています」

**1** 週　　　**2** 年　　　**3** 正午　　　**4** ベッド

解説　where は「どこ」と場所をたずねる語です。空所に **4** の bed「ベッド」を入れて「ベッドで寝ています」とすると，自然な応答になります。**1**，**2**，**3** はいずれも「時」を表す語なので，場所をたずねる質問の答えにはなりません。

## (12) 解答 **2**

訳　「カズコのお父さんは朝に新聞を読みます」

**1** ～の上に　　　　　　　**2** （in the morning で）朝に

**3** ～へ　　　　　　　　　**4** ～の

解説　in the morning で「朝に」や「午前中に」という意味になるので，空所には **2** の in が入ります。in the afternoon「午後に」，in the evening「夕方に」もよく出題されます。ただし，「夜に」は <u>at</u> night なので，注意しましょう。

## (13) 解答 **2**

訳　A：「あなたの誕生日はいつですか」

B：「8 月 30 日です」

**1** どのように　**2** いつ　　　**3** だれ　　　**4** どこ

解説　A の文の最後に birthday「誕生日」とあり，B が August 30th「8 月 30 日」と答えているので，A が「誕生日はいつですか」と質問したとわかります。「いつ」とたずねるときは **2** の When を使います。

**(14) 解答 3**

訳　「私の兄［弟］はバスケットボールをしますが，私はしません」

解説　but 以下の部分は主語が I なので，I に対応する 3 の don't が正解です。but の後を省略しないで言うと，but I don't play basketball「しかし私はバスケットボールをしません」となります。

**(15) 解答 4**

訳　A:「これらは私のお父さんの靴です」

B:「わあ！　それらはとても大きいですね」

**1** これは　　**2** それらを　　**3** あれは　　**4** これらは

解説　空所の後ろにある are に対応する主語は，4 の These「これらは」です。shoe は靴の片方をさし，左右合わせた 1 足の場合は shoes と複数形にします。B の 2 つ目の文でも They「それらは」を使っていることに注意しましょう。

---

筆　記　**2** ┃ 問題編 P63〜64

**(16) 解答 2**

訳　女性:「あなたはお茶がほしいですか」

男性:「はい，お願いします」

**1** 4 ドルいただきます。　　**2** はい，お願いします。

**3** 2 時間です。　　　　　　**4** それはケーキです。

解説　Do you want 〜?「〜がほしいですか」と聞かれて，「ほしいです」と答えるときは Yes, please.「はい，お願いします」と言います。ほしくない場合は No, thank you.「いいえ，けっこうです」のように言います。1 は店員が代金を伝えるときの言い方です。

**(17) 解答 3**

訳　女の子 1:「あなたの小さな弟は本当にかわいいわね。彼は何歳なの？」

女の子 2:「彼は 3 歳よ」

**1** 彼はだれなの？　　　　　**2** それはいつなの？

**3** 彼は何歳なの？　　　　　**4** あなたはどこにいるの？

baby brother は「小さな弟」という意味です。女の子2
が He's three.「彼は3歳よ」と答えているので，女の
子1は弟の年齢をたずねたとわかります。相手の年齢をたず
ねる表現は How old are you? ですが，ここでは弟の年齢
をたずねているので，**3** の How old <u>is he</u>? が正解です。

## (18) 解答 **4**

訳

女の子：「どこへ行くの？」

母親：「スーパーマーケットへ。たまごがほしいの」

**1** 私の友だちよ。　　　　　**2** 今週よ。

**3** テーブルの上よ。　　　　**4** スーパーマーケットへ。

解説

Where は場所をたずねる語で，場所を答えているのは **3**
と **4** です。女の子は Where are you going? と「どこへ
行くか」をたずねているので，to ～「～へ」を使って行き
先を答えている **4** が正解です。

## (19) 解答 **1**

訳

男性：「やあ，エレン。この花を君にあげるよ」

女性：「ありがとう，スコット。とてもきれいだわ」

**1** この花を君にあげるよ。

**2** 私も1つ持っているよ。

**3** 彼女はここにいないよ。

**4** それは今日だよ。

解説

女性が「ありがとう」と言っていること，そして「きれいだ
わ」と言っていることから，男性が女性に何かをプレゼント
したと考えられます。したがって **1** の This flower is for
you. が正解です。for you は相手に何かをあげるときに
「あなたにあげるための」という意味で使う表現です。

**(20) 解答 ③**

訳　男の子：「あなたは学生ですか」
女の子：「そのとおりです。私は高校に通っています」

**1** 7時に。　　　　**2** けっこうです。[いりません。]

**3** そのとおりです。　**4** 鉛筆を何本か。

解説　「学生ですか」とたずねられた女の子が「高校に通っています」と言っているので，男の子の質問に「はい」と答えたとわかります。選択肢に yes は使われていませんが，**3** のThat's right.「そのとおりです」で，yes にあたる意味を表すことができます。

---

| 筆　記 | **3** | 問題編 P65〜66 |

---

**(21) 解答 ③**

正しい語順　My (grandmother lives in Tokyo).

解説　主語は「私の祖母」なので，My の後には grandmotherが入ります。また，「〜に住んでいる」は live in 〜 で表します。問題冊子の四角の中に単語を書き込んでから，1番目と3番目にくる単語の番号を確認して答えを選ぶようにしましょう。

**(22) 解答 ①**

正しい語順　Mr. Jones, (welcome to our school).

解説　Mr. Jones「ジョーンズ先生」の後にカンマ「,」があるので，Mr. Jones は主語ではなく，呼びかけている相手にあたります。「〜へようこそ」と歓迎するときは welcometo 〜 という表現を使います。

**(23) 解答 ②**

正しい語順　(Don't eat your lunch in) the library.

解説　文の最初にくる語も（　）の中では大文字で始まっていないので注意しましょう。「〜してはいけません」は Don't 〜.「〜するな」という命令文で表すことができます。

## (24) 解答 **4**

**正しい語順** I often (watch TV at night).

**解説** 「テレビを見る」は watch TV，「夜に」は at night です。時を表す at night は，この文では最後に置くのが自然なので，watch TV at night の順番に並べます。

## (25) 解答 **2**

**正しい語順** I'm sorry, Jack.  I (can't speak with you) now.

**解説** 「～できません」は〈can't＋動詞の原形〉の形で表し，ここでは can't  speak となります。その後に「あなたと」にあたる with you を続けます。

---

**リスニング** | **第1部** | 問題編 P67～69 | 🔊 | ▶MP3 ▶アプリ ▶CD 2 **1**～**11**

〔例題〕 解答 **3**

**放送文** Is this your bag?

1  Sure, I can.　　　　2  On the chair.

3  Yes, it is.

**放送文の訳** 「これはあなたのかばんですか」

1  ええ，ぼくはできます。　　　　2  いすの上に。

3  はい，そうです。

## No.1 解答 **3**

**放送文** Can you skate?

1  Here you are.　　　　2  Good job.

3  No, I can't.

**放送文の訳** 「君はスケートできる？」

1  はい，どうぞ。　　　　2  よくできました。

3  いいえ，できないわ。

**解説** 男の子は Can you ～? 「～できる?」とたずねているので，「いいえ，できないわ」と言っている **3** が自然な応答です。**1** の Here you are. は相手に何かを渡すときに，**2** の Good job. は「よくできました」とほめるときに使う表現です。

## No. 2　解答 ①

What are you looking at?

**1**　Pictures of my friends.　　**2**　Fine, thanks.

**3**　Sure, it is.

放送文の訳

「君は何を見ているの？」

**1**　友だちの写真よ。　　**2**　元気よ，ありがとう。

**3**　もちろん，そうよ。

解説

イラストでは女性がアルバムのようなものを見ています。男性は「何を見ているの？」と質問しているので，「友だちの写真よ」と，見ているものを答えている **1** が正解です。

## No. 3　解答 ②

放送文

How old is your sister?

**1**　She's great.　　**2**　She's seven.

**3**　She's sleeping.

放送文の訳

「君のお姉さん［妹さん］は何歳？」

**1**　彼女はすごいわよ。　　**2**　彼女は7歳よ。

**3**　彼女は寝ているわ。

解説

How old ～? は年齢をたずねる表現です。「7歳」と年齢を答えている **2** が正解です。**1** の great「すごい」を eight「8」と聞き間違えないように注意しましょう。

## No. 4　解答 ③

放送文

Dad, what's the date today?

**1**　It's hers.　　**2**　In the morning.

**3**　October 15th.

放送文の訳

「お父さん，今日は何日？」

**1**　それは彼女のだよ。　　**2**　午前中にだよ。

**3**　10月15日だよ。

解説

What's the date today? は今日の日付をたずねる表現なので，「10月15日」と日付を答えている **3** が正解です。

## No. 5　解答 ③

放送文

It's lunchtime.  I'm hungry.

**1**　Good idea.

**2**　Thank you very much.

**3**　Me, too.

放送文の訳　「お昼ごはんの時間ね。おなかがすいたわ」

**1**　いい考えだね。

**2**　どうもありがとう。

**3**　ぼくもだよ。

解説　I'm hungry.「おなかがすいたわ」と言った女の子への返事として意味がつながるものを選びます。**3**の Me, too.「ぼくもだよ」が正解です。

## No.6　解答 ②

放送文　Do you like cookies?

**1**　You, too.　　　　　　**2**　Of course.

**3**　They're one hundred yen.

放送文の訳　「あなたはクッキーが好きですか」

**1**　あなたもです。　　　　**2**　もちろんです。

**3**　それらは100円です。

解説　男性は「クッキーが好きですか」とたずねているので，答えには yes や no が考えられます。そのほかに **2** の Of course.「もちろんです」を使って好きであることを伝えることができるので，**2** が正解になります。

## No.7　解答 ①

放送文　Who is this lady?

**1**　She's my aunt.　　　　**2**　She's fine.

**3**　She's over there.

放送文の訳　「この女の人はだれなの？」

**1**　彼女はぼくのおばだよ。　　**2**　彼女は元気だよ。

**3**　彼女はあちらにいるよ。

解説　イラストにはアルバムを見ながら話している様子が描かれています。放送文の最初の語の who「だれ」をしっかりと聞き取りましょう。「ぼくのおばだよ」とだれであるかを答えている **1** が正解です。

## No. 8　解答 ①

放送文 Where is the bookstore?

**1** I don't know.　　　　**2** After school.

**3** Yes, I do.

放送文の訳 「本屋はどこですか」

**1** 私は知りません。　　　**2** 放課後に。

**3** はい，私はします。

解説 where は「どこ」とたずねるときに使う語です。男の子は bookstore「本屋」の場所をたずねています。しかし，場所を答えている選択肢はありません。あわてずに選択肢をよく聞きましょう。**1** の I don't know.「私は知りません」が，男の子の質問に対する返事にふさわしいと判断できます。

## No. 9　解答 ②

放送文 Frank!  Don't run in the classroom.

**1** I don't have it.　　　**2** Sorry, Ms. Clark.

**3** On my desk.

放送文の訳 「フランク！　教室で走らないで」

**1** ぼくはそれを持っていません。　**2** ごめんなさい，クラーク先生。

**3** ぼくの机の上に。

解説 Don't ～. は「～しないで」という命令文です。「教室で走らないで」と注意された男の子の返事としてふさわしいものは，「ごめんなさい」と先生に謝っている **2** です。

## No. 10　解答 ②

放送文 Let's play a video game.

**1** Ten dollars.　　　　　**2** All right.

**3** My brother.

放送文の訳 「テレビゲームをしようよ」

**1** 10 ドルだよ。　　　　　**2** いいよ。

**3** ぼくの兄［弟］だよ。

解説 Let's ～. は「～しよう」と相手を誘うときに使う表現です。女の子が「テレビゲームをしよう」と誘っているので，**2** の All right.「いいよ」という返事が自然です。なお，video game は「テレビゲーム」のことです。「テレビゲーム」は日本で作られたことばで，英語では通じません。

## No.11 解答 ④

放送文　☆：Bob, do you have a cat or a dog?

　　　　★：No, but I have a bird.

　　　　**Question:** What pet does Bob have?

放送文の訳　☆：「ボブ，あなたはネコかイヌを飼っていますか」

　　　　　　★：「いいえ，でも，ぼくは鳥を飼っています」

質問の訳　「ボブはどんなペットを飼っていますか」

選択肢の訳　**1** イヌ。　　**2** 魚。　　**3** ネコ。　　**4** 鳥。

解説　「ネコかイヌを飼っていますか」という質問にボブが「いいえ」と答えているので，「ネコ」も「イヌ」も飼っていないことがわかります。放送を最後までしっかり聞いて，ボブが飼っているものを選びましょう。

## No.12 解答 ②

放送文　★：One vanilla ice cream, please.

　　　　☆：That's three dollars.

　　　　**Question:** How much is the ice cream?

放送文の訳　★：「バニラアイスクリームを1つ，お願いします」

　　　　　　☆：「3ドルです」

質問の訳　「アイスクリームはいくらですか」

選択肢の訳　**1** 1ドル。　　**2** 3ドル。　　**3** 10ドル。　　**4** 30ドル。

解説　質問では How much ～? と値段を聞いています。1回目の放送ではまず何を聞かれているかを聞き取り，2回目の放送ではその答えに注意しながら聞くとよいでしょう。男の子は One vanilla ice cream, please. と言っていますが，この one「1」という数字にまどわされないようにしましょう。

## No. 13 解答 ②

放送文 ★：I like yellow and green.  How about you, Jenny?

☆：I like purple.

**Question:** What color does Jenny like?

放送文の訳 ★：「ぼくは黄色と緑が好きだよ。君はどう，ジェニー？」

☆：「私は紫が好きよ」

質問の訳 「ジェニーは何色が好きですか」

選択肢の訳 **1** 茶色。　　**2** 紫。　　**3** 緑。　　**4** 黄色。

解　説 男の子が Jenny と呼びかけているので，女の子の名前はジェニーだとわかります。対話には3つの色が出てきますが，質問されているのはジェニーが好きな色なので，正解は **2** の Purple「紫」です。

## No. 14 解答 ③

放送文 ★：Are these your socks, Mary?

☆：No, they aren't, Dad.  They're Lisa's.

**Question:** Whose socks are they?

放送文の訳 ★：「これらは君の靴下かい，メアリー？」

☆：「いいえ，違うわ，お父さん。それらはリサのよ」

質問の訳 「それらはだれの靴下ですか」

選択肢の訳 **1** メアリーの。　　　　　**2** メアリーのお父さんの。

**3** リサの。　　　　　　　**4** リサのお兄さん［弟］の。

解　説 男性が Mary，女の子が Dad と呼びかけていることから，父親と娘のメアリーが話しているとわかります。対話にはこの2人のほかに Lisa という名前も出てくるので，だれの靴下なのか注意して聞き取りましょう。メアリーが「リサの」と言っているので，**3** が正解です。

## No. 15 解答 ②

放送文 ☆：Are you 10 years old, Billy?

★：Yes, I am.  My birthday is April 15.

**Question:** When is Billy's birthday?

放送文の訳 ☆：「あなたは10歳ですか，ビリー」

★：「はい，そうです。ぼくの誕生日は4月15日です」

| 質問の訳 | 「ビリーの誕生日はいつですか」 |
|---|---|
| 選択肢の訳 | 1　4月10日。　　　　　2　4月15日。 |
| | 3　8月10日。　　　　　4　8月15日。 |

**解　説**　Aprilと Augustはどちらも Aで始まるので間違えないように気をつけましょう。放送が流れる前に選択肢に目を通して，何を聞かれそうか見当をつけておくと，聞き取るときの助けになります。女の子は Are you 10 years old, Billy? と言っていますが，この10という数字はビリーの年齢なので，まどわされないようにしましょう。

---

**リスニング**　第**3**部｜問題編 P71〜72　　▶MP3 ▶アプリ ▶CD 2 **18** 〜 **28**

## No.16 解答 **1**

| 放送文 | 1　It's cloudy today. |
|---|---|
| | 2　It's snowy today. |
| | 3　It's sunny today. |
| 放送文の訳 | 1　今日はくもっています。 |
| | 2　今日は雪が降っています。 |
| | 3　今日は晴れています。 |

**解　説**　イラストには雪が降っている様子は描かれておらず，雲が描かれているので**1**が正解だとわかります。また，**3**の sunnyは「日が照っていて晴れている」という意味なので，このイラストにあてはまりません。

## No.17 解答 **2**

| 放送文 | 1　The hamster is on Ken's leg. |
|---|---|
| | 2　The hamster is on Ken's shoulder. |
| | 3　The hamster is on Ken's hand. |
| 放送文の訳 | 1　ハムスターはケンの足の上にいます。 |
| | 2　ハムスターはケンのかたの上にいます。 |
| | 3　ハムスターはケンの手の上にいます。 |

イラストをよく見て放送を聞きましょう。ハムスターは男の子のかたの上にいます。「かた」は shoulder なので，**2** が正解です。head「頭」，neck「首」，arm「うで」，knee「ひざ」などもあわせてしっかり覚えておきましょう。

## No.18 解答 ③

**放送文**
1 Mr. Evans is running.
2 Mr. Evans is reading.
3 Mr. Evans is writing.

**放送文の訳**
1 エバンズさんは走っています。
2 エバンズさんは読んでいます。
3 エバンズさんは書いています。

**解説** イラストの男性は手紙を書いているようです。したがって，write「書く」を使っている **3** が正解です。

## No.19 解答 ①

**放送文**
1 The score is 16 to 14.　　2 The score is 60 to 40.
3 The score is 6 to 14.

**放送文の訳**
1 得点は 16 対 14 です。　　2 得点は 60 対 40 です。
3 得点は 6 対 14 です。

**解説** イラストの中に数字が出てきたら，その数字の言い方を思い浮かべてから放送を聞きましょう。16（sixteen）と14（fourteen）は teen の部分を強く発音します。60（sixty）や 40（forty）と区別できるようにしましょう。アクセントの位置の違いに注意して数字をしっかり発音する練習が効果的です。

## No.20 解答 ③

**放送文**
1 The book is on the desk.
2 The book is in the desk.
3 The book is under the desk.

**放送文の訳**
1 本は机の上にあります。
2 本は机の中にあります。
3 本は机の下にあります。

**解説** on，in，under，by など，位置を表す語はよく出題され

ます。イラストをよく見て，ものの位置を確認しましょう。本は机の下にあるので，**3**が正解です。

## No. 21 解答 ③

放送文

**1** Rob has some erasers in his hands.

**2** Rob has some flowers in his hands.

**3** Rob has some plates in his hands.

放送文の訳

**1** ロブは手に消しゴムをいくつか持っています。

**2** ロブは手に花を何本か持っています。

**3** ロブは手に皿を何枚か持っています。

解説

男の子が手に皿を持っているイラストなので，**3**が正解です。plates（「皿」の複数形）の意味がわからなくても，erasers「消しゴム」とflowers「花」（どちらも複数形）が聞き取れれば，**1**と**2**は正解でないとわかります。

## No. 22 解答 ①

放送文

**1** Judy's family is eating breakfast.

**2** Judy's family is eating lunch.

**3** Judy's family is eating dinner.

放送文の訳

**1** ジュディの家族は朝食を食べています。

**2** ジュディの家族は昼食を食べています。

**3** ジュディの家族は夕食を食べています。

解説

イラストの中の時計が8:00 a.m.「午前8時」を示しているので，家族が食べているのは朝食だとわかります。朝食はbreakfastなので，**1**が正解です。

## No. 23 解答 ②

放送文

**1** The tree is 12 meters tall.

**2** The tree is 20 meters tall.

**3** The tree is 40 meters tall.

放送文の訳

**1** その木は高さ12メートルです。

**2** その木は高さ20メートルです。

**3** その木は高さ40メートルです。

解説

イラストの木の高さをよく見ましょう。12（twelve）と20（twenty）を混同しないよう，注意しましょう。

# No. 24 解答 ❷

**1** The girls are playing basketball.
**2** The girls are watching a movie.
**3** The girls are singing a song.

放送文の訳
**1** 女の子たちはバスケットボールをしています。
**2** 女の子たちは映画を見ています。
**3** 女の子たちは歌を歌っています。

解 説
イラストの場所は映画館と思われ，女の子たちは映画を見ています。したがって，**2** が正解です。

# No. 25 解答 ❸

放送文
**1** This is a bathroom.
**2** This is a bedroom.
**3** This is a kitchen.

放送文の訳
**1** これは浴室です。
**2** これは寝室です。
**3** これは台所です。

解 説
家の中の部屋の名前を答える問題です。イラストには流し台が見えていて，奥のかべには調理器具がかかっています。また，冷蔵庫と思われるものもあります。したがって，ここは **3** の kitchen「台所」です。なお，**1** の bathroom は「浴室」ですが，アメリカではトイレといっしょになっているのがふつうです。**2** の bedroom は「寝室」のことです。

# 2019-1

## 解答一覧

### 筆記

**1**

| | | | | | |
|---|---|---|---|---|---|
| (1) | 1 | (6) | 3 | (11) | 4 |
| (2) | 3 | (7) | 2 | (12) | 2 |
| (3) | 1 | (8) | 4 | (13) | 1 |
| (4) | 1 | (9) | 4 | (14) | 2 |
| (5) | 3 | (10) | 2 | (15) | 4 |

**2**

| | | | | | |
|---|---|---|---|---|---|
| (16) | 4 | (18) | 3 | (20) | 3 |
| (17) | 3 | (19) | 1 | | |

**3**

| | | | | | |
|---|---|---|---|---|---|
| (21) | 2 | (23) | 4 | (25) | 1 |
| (22) | 3 | (24) | 1 | | |

### リスニング

**第1部**

| | | | | | |
|---|---|---|---|---|---|
| No. 1 | 2 | No. 5 | 3 | No. 9 | 1 |
| No. 2 | 3 | No. 6 | 1 | No. 10 | 3 |
| No. 3 | 1 | No. 7 | 1 | | |
| No. 4 | 3 | No. 8 | 2 | | |

**第2部**

| | | | | | |
|---|---|---|---|---|---|
| No. 11 | 2 | No. 13 | 2 | No. 15 | 4 |
| No. 12 | 2 | No. 14 | 3 | | |

**第3部**

| | | | | | |
|---|---|---|---|---|---|
| No. 16 | 3 | No. 20 | 3 | No. 24 | 3 |
| No. 17 | 1 | No. 21 | 2 | No. 25 | 2 |
| No. 18 | 1 | No. 22 | 3 | | |
| No. 19 | 2 | No. 23 | 3 | | |

## (1)　解答 ❶

**訳**
「とても暑いです。窓を開けてください」
1　開ける　　　　　　　　2　きれいにする
3　読む　　　　　　　　 4　好きだ

**解説**
空所の後に window「窓」ということばがあるので，**1** の open が正解です。「暑いから窓を開けて」と言っているのですね。

## (2)　解答 ❸

**訳**
「私は毎週土曜日には夕食を作りません。友だちとレストランに行きます」
1　（絵の具で）描く　　　　2　遊ぶ
3　料理する　　　　　　　 4　使う

**解説**
空所の前には don't があるので，何かを「しない」と言っているとわかります。空所の後の dinner につながるのは **3** の cook しかありません。on Saturdays のように曜日に s を付けると「毎週土曜日に」という意味になります。

## (3)　解答 ❶

**訳**
A:「テッド，誕生日に何がほしい？」
B:「新しい自転車」
1　ほしい　　 2　会う　　 3　止める　　 4　始める

**解説**
for your birthday は「（あなたの）誕生日に」という意味です。A が B に何が「ほしい」かたずねて，B が「自転車がほしい」と答えています。

## (4)　解答 ❶

**訳**
A:「ケート，あちらはあなたのお兄さん[弟さん]ですか」
B:「はい。彼は高校生です」
1　生徒　　 2　チーム　　 3　クラス　　 4　本

**解説**
that は離れた所にある[いる]1つの物，あるいは1人の人をさします。この会話では A が1人の人を指して「あちら

はお兄さん[弟さん]ですか」とたずねています。B はその
「人」のことを答えているので，**2**，**3**，**4** は空所に入りません。**1** が正解です。

## (5) 解答 ③

訳　A：「朝食にごはんを食べますか，タロウ」
B：「いいえ，ぼくは卵とトーストを食べます」
**1** 新聞　　**2** スプーン　**3** 朝食　　**4** 光

解説　rice や egg や toast が出てくるので，食べ物のことを話し
ているようです。選択肢を見ると breakfast「朝食」があ
ります。朝食にどんなものを食べるかを話題にしている会話
だと推測できます。

## (6) 解答 ③

訳　A：「すみません，この本はいくらですか」
B：「600円です」
**1** フィート　**2** グラム　　**3** 100　　　**4** メートル

解説　How much 〜? は値段をたずねる表現です。空所の前には
six「6」が，空所の後には yen「円」があるので，空所に
入れて自然なのは **3** の hundred です。six hundred で
「600」となります。

## (7) 解答 ②

訳　「私はよくその公園に行き，そこでサッカーをします」
**1** あれら　　**2** そこで　　**3** これ　　　**4** あれ

解説　選択肢がすべて th で始まることばで，似ています。あわて
ずていねいに見て選びましょう。「そこで」という意味
の **2** が正解です。「そこ」とは and の前の the park「そ
の公園」をさしています。

## (8) 解答 ④

訳　「私は新しい数学の先生が好きです。先生は沖縄出身です」
**1** 〜について
**2** 〜の下に
**3** 〜で

**4　(come from 〜 で)〜の出身である**

**解説**　come は「来る」という意味ですが，come from 〜 で「〜の出身だ」という意味になります。

**(9)**　**解答** **4**

**訳**　A：「ウィルソンさん，こんにちは」

B：「やあ，ジム。どうぞ**すわって**ください」

**1** 話す　　　**2** する　　　**3** である　　　**4** **すわる**

**解説**　空所の後に down があります。**1**，**2**，**3** は down の前に入れても意味が通じません。sit down で「すわる」という意味なので，空所には **4** が入ります。

**(10)**　**解答** **2**

**訳**　「ミキの祖父母は名古屋に**住んでいる**」

**1** 立つ　　　　　　　　　**2** **住んでいる**

**3** 知っている　　　　　　**4** 得る

**解説**　文末に in Nagoya とあるので，**2** の「住んでいる」が最も自然です。複数の s の付いた grandparents は「祖父母」という意味で，grandfather「祖父」と grandmother「祖母」の2人をさします。

**(11)**　**解答** **4**

**訳**　A：「あなたは英語が好きですか」

B：「ええ，**もちろん**」

**1** 〜の中に　　　　　　　**2** 外に

**3** 〜の上に　　　　　　　**4** (of course で) **もちろん**

**解説**　空所の後の course に注目します。of course で「もちろん」という意味になります。会話で使う便利な表現なので，覚えておきましょう。

**(12)**　**解答** **2**

**訳**　A：「今何時，ダニー」

B：「4時だよ」

**1** 日　　　**2** **時刻**　　　**3** 月　　　**4** 週

**解説**　B が「4時だよ」と答えているので，A は What time is

it? と時刻をたずねたと推測できます。時刻のたずね方や言い方はよく出題されます。

## (13) 解答 ❶

**訳**
A：「あなたはどうやって学校へ行きますか，ジェーソン」
B：「電車で行きます」

**1** どうやって　　　　　**2** なぜ
**3** いつ　　　　　　　　　**4** どこに

**解説**
Bが「電車で」と答えているので，Aは学校に行く手段をたずねたとわかります。「どうやって」とたずねるときは How を使います。by bus「バスで」，by bicycle「自転車で」や on foot「歩いて」という表現もいっしょに覚えておきましょう。

## (14) 解答 ❷

**訳**
「私はトムが好きです。私たちはよく私の家でコンピューターゲームをします」

**1** 私たちを　**2** 私たちは　**3** 私たちの　**4** 私たちのもの

**解説**
代名詞の正しい形を選ぶ問題です。ここでは「私たち（トムと私）はコンピューターゲームをする」と言いたいので，「私たちは」という主格の**2**を選びます。

## (15) 解答 ❹

**訳**
A：「これはエイミーのラケットですか」
B：「はい，それは彼女のです」

**1** 彼女は　　　　　　　**2** 彼女の[に，を]
**3** 彼らの　　　　　　　**4** 彼女のもの

**解説**
her が「彼女の」という意味を表す場合は，次に必ず名詞がきます。hers は「彼女のもの」という意味で，単独で使えます。空所の後に名詞（ここでは racket）がありませんから，正解は**4**の hers です。her と hers は似ているので，注意して選ぶようにしましょう。

## (16) 解答 4

**訳**
女性：「お誕生日おめでとう，フレッド。このチョコレートはあなたにです」

男性：「ありがとう」

1　お目にかかれてうれしいです。
2　それは机の上にあります。
3　私もです。
4　ありがとう。

**解説**
女性が「お誕生日おめでとう」と言っているので，チョコレートをプレゼントしている場面だと想像できます。プレゼントをもらった男性が言うことばとして自然なのは，**4** の Thank you. です。

## (17) 解答 3

**訳**
母親：「ピート，その青い靴は好き？」

男の子：「いや，赤いのが好きだよ」

1　うん，ぼくはバレーボールをするよ。
2　うん，それらはとても簡単だよ。
3　いや，ぼくは赤いのが好きだよ。
4　いや，それらは学校にあるよ。

**解説**
母親は息子に「青い靴が好き」かとたずねています。**2** と **4** の they は shoes をさすように思えますが，「とても簡単だ」「学校にある」では質問の答えになりません。shoes を ones で言い換え，「赤いのが好きだ」と答えている **3** が正解です。

## (18) 解答 3

**訳**
男の子：「スージー，これはだれの帽子？」

女の子：「それは私のお母さんのよ」

1　店はどこにありますか。　　2　それはいつ始まりますか。
3　これはだれの帽子ですか。　4　あなたは何が好きですか。

**解説** my mom's は「私のお母さんのもの」という意味です。女の子が「それは私のお母さんのよ」と答えているので, 男の子は「だれの帽子?」とたずねたと推測できます。「だれの」とたずねるときは whose を用います。

## (19) 解答 ①

**訳** 女の子:「さようなら, ヒラサワ先生」
先生:「さようなら, エリー。よい週末を」

1 よい週末を。 　　　　　　2 どうぞ入ってください。
3 野球をしましょう。 　　　4 私は勉強しています。

**解説** 2人が「さようなら」と別れのあいさつをしている場面です。英語では, 週末の前に「さようなら」と言うときは Have a nice weekend.「よい週末を(お過ごしください)」と付け加える習慣があります。問題文にはありませんが, もし実際に言われたら, You, too.「あなたもね」と答えます。

## (20) 解答 ③

**訳** 男の子:「あなたは兄弟か姉妹がいますか, ケート」
女の子:「兄[弟]がいます」

1 はい, 彼はそうです。
2 私は彼を知っています。
3 私には兄[弟]が1人います。
4 彼は私の父です。

**解説** 兄弟姉妹がいるかという男の子の質問への答えとしてふさわしいのは3です。a brother は「1人の兄[弟]」という意味です。have は「持っている」のほかに, 「(兄弟姉妹が)いる」「(ペットを)飼っている」「(風邪を)ひいている」などの意味でも使います。

## (21) 解答 **2**

正しい語順 (How long is the) English lesson?

解説 「どれくらいの長さ」と時間の長さをたずねるときは How long で文を始めます。

## (22) 解答 **3**

正しい語順 (It is not cloudy) today.

解説 日本語を最後までていねいに読み，「いません」と否定文になっていることを見落とさないようにしましょう。be 動詞の文では，not は be 動詞の後ろに入ります。

## (23) 解答 **4**

正しい語順 My father (is forty-five years old).

解説 年齢は I am ten years old.「私は10歳です」のように数の後に years old を付けて言うことも，I am ten. のように数だけで言うこともあります。

## (24) 解答 **1**

正しい語順 (Does your sister go skiing) every year?

解説 「あなたの妹さんは〜しますか」という疑問文は〈Does your sister＋動詞の原形　〜?〉の語順で表します。「スキーに行く」は go skiing と言います。〈go＋〜ing〉「〜しに行く」はよく出題される表現です。

## (25) 解答 **1**

正しい語順 (What are you making) for lunch?

解説 「何を」とたずねるときは What で文を始めます。〈be 動詞＋〜ing〉は「〜している（ところだ）」という意味で，「〜しているところですか」という疑問文では，be 動詞が主語の前にきます。

**〔例題〕 解答 ❸**

放送文 Is this your bag?

**1** Sure, I can.　　　**2** On the chair.

**3** Yes, it is.

放送文の訳 「これはあなたのかばんですか」

**1** ええ，ぼくはできます。　　　**2** いすの上に。

**3** はい，そうです。

## No. 1　解答 ❷

放送文 Excuse me.　Are you Mr. Johnson?

**1** I'm OK.　　　**2** Yes, I am.

**3** I'm going.

放送文の訳 「すみません。あなたはジョンソンさんですか」

**1** 私は大丈夫です。　　　**2** はい，そうです。

**3** 私は行きます。

解説 絵を見ると，空港らしき場所で女性が男性に話しかけているところです。「あなたはジョンソンさんですか」という問いかけの答えとして自然なのは**2**です。

## No. 2　解答 ❸

放送文 How much is that strawberry jam?

**1** Yes, please.　　　**2** I'm happy.

**3** It's three dollars.

放送文の訳 「そのイチゴジャムはいくらですか」

**1** はい，お願いします。　　　**2** 私は幸せです。

**3** 3ドルです。

解説 絵を見ると，お店らしき場所で男性が何かを指さしています。How much 〜? は「いくらですか」と値段を聞く表現です。値段を答えているのは**3**です。

19年度第1回　リスニング

## No.3 解答 ①

Open your textbook, Jim.

**1** Yes, Mrs. Nelson.     **2** You're welcome.

**3** I like books.

放送文の訳
「教科書を開きなさい，ジム」

**1** はい，ネルソン先生。     **2** どういたしまして。

**3** ぼくは本が好きです。

解　説
先生が生徒に Open「開きなさい」と言っています。「はい」と答えている **1** が正解です。**3** に books ということばが出てくるからと，あわてて選ばないようにしましょう。

## No.4 解答 ③

放送文
Does this bus go to the library?

**1** I like it.     **2** Here you are.

**3** Yes, it does.

放送文の訳
「このバスは図書館に行きますか」

**1** 私はそれが好きです。     **2** はい，どうぞ。

**3** はい，行きます。

解　説
Does this bus ～? とたずねられたときは，ふつう，Yes, it does. または No, it doesn't. と答えます。Here you are. は相手に何かを手渡すときに使う表現で，「はい，どうぞ」という意味です。

## No.5 解答 ③

放送文
Do you speak English?

**1** I see.     **2** Thank you.

**3** A little.

放送文の訳
「あなたは英語を話しますか」

**1** わかりました。     **2** ありがとう。

**3** 少しなら。

解　説
この A little. は，I speak English a little.「私は少し英語を話します」という文の I speak English を省略した言い方です。便利な表現なので覚えておきましょう。

## No. 6　解答 ①

放送文 Where's your watch, Mike?

**1** On the table.　　　　**2** It's five.

**3** In the morning.

放送文の訳 「あなたの腕時計はどこ，マイク？」

**1** テーブルの上だよ。　　　　**2** ５時だよ。

**3** 午前中に。

解　説 Where は場所をたずねるときに使うことばです。絵の中に腕時計は見当たりませんが，「テーブルの上にある」と答えている **1** が正解です。watch が腕時計だからと，時刻を答えている **2** を選んでしまわないように注意しましょう。

## No. 7　解答 ①

放送文 Whose album is this?

**1** It's my mother's.　　　　**2** I have a camera.

**3** In the living room.

放送文の訳 「これはだれのアルバム？」

**1** 私のお母さんのよ。

**2** 私はカメラを持っているわ。

**3** 居間に。

解　説 Whose は「だれの」と持ち主をたずねるときに使うことばです。my mother に 's を付けると「私のお母さんのもの」という意味になるので，**1** が正解です。

## No. 8　解答 ②

放送文 Can I take pictures in this museum?

**1** Thank you.　　　　**2** Yes, you can.

**3** I like music.

放送文の訳 「この美術館では写真を撮ってもいいですか」

**1** ありがとうございます。　　　　**2** ええ，いいですよ。

**3** 私は音楽が好きです。

解　説 museum は「博物館，美術館」で，この文の Can I 〜? は「〜してもいいですか」と許可を求める表現です。「いい

ですよ」と答えるには Yes, you can. と言い，「だめです」と答えるときは No, you can't. と言います。

## No. 9　解答 ①

放送文 This is my new pencil case.

**1** It's nice.　　　　　　　**2** I don't know.

**3** At the store.

放送文の訳「これはぼくの新しい筆箱だよ」

**1** すてきね。　　　　　　　**2** 知らない。

**3** お店で。

解　説 絵を見ると，男の子が手に持った筆箱を女の子に見せている場面です。new pencil case「新しい筆箱」を見せてもらった女の子が言うことばとして自然なのは **1** です。

## No. 10　解答 ③

放送文 When do you do your homework?

**1** I'm tall.　　　　　　　**2** I like math.

**3** Before dinner.

放送文の訳「君はいつ宿題をするの？」

**1** 私は背が高いです。　　　　**2** 私は数学が好きです。

**3** 夕食の前に。

解　説 When で文が始まるので，「いつ」とたずねているとわかります。「夕食の前に」と宿題をする時間を答えている **3** が正解です。

---

| リスニング | 第**2**部 | 問題編 P84 | 🔊 | ▶ MP3　▶ アプリ<br>▶ CD 2 40〜45 |

## No. 11　解答 ②

放送文 ☆：I'm going to the store. I want a drink.

★：Can I go, too? I want a notebook.

**Question:** Where are they going?

放送文の訳 ☆：「私はお店に行くわ。飲み物がほしいの」

★：「ぼくも行ってもいい？　ノートがほしいんだ」

質問の訳　「彼らはどこへ行きますか」

選択肢の訳
1　学校へ。　　　　　　　　2　店へ。
3　図書館へ。　　　　　　　4　レストランへ。

解説　女の子は「飲み物」，男の子は「ノート」がほしいと言っていますが，女の子は最初に store「店」に行くと言っているので，行き先は **2** です。

## No. 12 解答 **2**

放送文　☆：Which shirt do you want, Steve?  The red one, or the blue one?

★：The blue one, Mom.

**Question:** Which shirt does Steve want?

放送文の訳　☆：「あなたはどちらのシャツがほしい，スティーブ？　赤いの，それとも青いの？」

★：「青いのがほしいよ，お母さん」

質問の訳　「スティーブはどちらのシャツがほしいですか」

選択肢の訳
1　黒いの。　　　　　　　　2　青いの。
3　赤いの。　　　　　　　　4　黄色いの。

解説　放送を聞く前に選択肢にさっと目を通すと，聞き取りのポイントをつかめることがあります。この問題では，色を聞き取るのだとわかります。質問はスティーブがほしいシャツを聞いています。スティーブは The blue one と言っているので，正解は **2** です。

## No. 13 解答 **2**

放送文　★：When is the school festival, Ms. Andrews?

☆：It's on March sixteenth.

**Question:** When is the school festival?

放送文の訳　★：「学園祭はいつですか，アンドリューズ先生」

☆：「3月16日ですよ」

質問の訳　「学園祭はいつですか」

選択肢の訳
1　3月6日。　　　　　　　　2　3月16日。
3　5月6日。　　　　　　　　4　5月16日。

日付を聞き取る問題です。月の名前を聞いたときに何月かすぐにわかるよう，しっかり覚えておきましょう。また，数字の聞き取りでは six か sixteen かなど，語尾までしっかり注意して聞くことが大切です。

## No. 14 解答 ③

放送文 ★：I have three dogs and four birds.

☆：Wow, you have a lot of pets, Brian.

**Question:** How many birds does Brian have?

放送文の訳 ★：「ぼくはイヌを3匹と鳥を4羽飼っているよ」

☆：「わあ，たくさんペットを飼っているのね，ブライアン」

質問の訳 「ブライアンは鳥を何羽飼っていますか」

選択肢の訳 **1** 2羽。 **2** 3羽。

**3** 4羽。 **4** 5羽。

解　説 会話には2つの数字が出てきます。質問をよく聞いて，「イヌ」と「鳥」のどちらの数をたずねているかわかったら，2回目の放送でしっかり確認するようにしましょう。

## No. 15 解答 ④

放送文 ★：What are you doing, Miho?

☆：I'm making sandwiches.  They're for the sports festival.

**Question:** What is Miho doing?

放送文の訳 ★：「何をしているの，ミホ」

☆：「サンドイッチを作っているの。体育祭のためにね」

質問の訳 「ミホは何をしていますか」

選択肢の訳 **1** 野球をしている。

**2** サッカーをしている。

**3** 登校している。

**4** サンドイッチを作っている。

解　説 sports festival は「体育祭，運動会」のことです。sports ということばにつられて **1** や **2** を選ばないようにしましょう。「今，ミホは何をしているか」という質問なので，正解は **4** です。

## No. 16 解答 3

放送文
1 It's 4:05.
2 It's 4:15.
3 It's 4:50.

放送文の訳
1 4時5分です。
2 4時15分です。
3 4時50分です。

解説
絵に時計があったら,その時刻の言い方を思い浮かべてから放送を聞くようにしましょう。fifteen と fifty は,アクセントの位置や語尾の音に注意して聞くと聞き分けることができます。

## No. 17 解答 1

放送文
1 Amy's family likes skiing.
2 Amy's family likes skating.
3 Amy's family likes swimming.

放送文の訳
1 エイミーの家族はスキーが好きです。
2 エイミーの家族はスケートが好きです。
3 エイミーの家族は水泳が好きです。

解説
雪が降る中で家族がスキーをしている絵なので,正解は 1 です。likes の後のスポーツ名の聞き取りがポイントになるので,特に集中して聞きましょう。

## No. 18 解答 1

放送文
1 This is the bathroom.
2 This is the library.
3 This is the gym.

放送文の訳
1 ここはトイレです。
2 ここは図書館です。
3 ここは体育館です。

解説
絵にトイレが見えますが,toilet ということばは聞こえて

きません。英語ではトイレのことを bathroom と言うのですね。学校や家の部屋の言い方はよく出題されるので，覚えておきましょう。

## No. 19 解答 ②

放送文
1 The pens are by the pencil case.
2 The pens are in the pencil case.
3 The pens are under the pencil case.

放送文の訳
1 ペンは筆箱のそばにあります。
2 ペンは筆箱の中にあります。
3 ペンは筆箱の下にあります。

解説
the pencil case「筆箱」の前の前置詞を聞き取る問題です。筆箱の「中」にペンが何本か入っています。「筆箱の中に」は in the pencil case と言うので，**2**が正解です。

## No. 20 解答 ③

放送文
1 Helen wants a new camera.
2 Helen wants a new computer.
3 Helen wants a new pet.

放送文の訳
1 ヘレンは新しいカメラがほしいです。
2 ヘレンは新しいコンピューターがほしいです。
3 ヘレンは新しいペットがほしいです。

解説
want は「～がほしい」という意味です。女の子はペットショップらしき場所でケージに入ったネコやイヌを見ているので，**3**が正解です。

## No. 21 解答 ②

放送文
1 Susan is washing some rice.
2 Susan is eating some rice.
3 Susan is buying some rice.

放送文の訳
1 スーザンは米を洗っています。
2 スーザンはごはんを食べています。
3 スーザンは米を買っています。

解説
日本語では調理する前は「米」，炊いたら「ごはん」と言いますが，英語ではどちらも rice です。女の子はごはんを食

べているので，**2** が正解です。

## No. 22 解答 ③

放送文
**1** My brother is 17 kilograms.
**2** My brother is 57 kilograms.
**3** My brother is 70 kilograms.

放送文の訳
**1** 私の兄[弟]は17キロです。
**2** 私の兄[弟]は57キロです。
**3** 私の兄[弟]は70キロです。

解　説
数字の問題はよく出題されます。絵の中に数字が出てきたら，まずその言い方を思い浮かべてから放送を聞きましょう。seventeen と seventy は言い方が似ているので，語尾まで聞きもらさないように注意して聞きましょう。

## No. 23 解答 ③

放送文
**1** Sho goes to the park at nine every night.
**2** Sho takes a shower at nine every night.
**3** Sho goes to bed at nine every night.

放送文の訳
**1** ショウは毎晩9時に公園に行きます。
**2** ショウは毎晩9時にシャワーを浴びます。
**3** ショウは毎晩9時に寝ます。

解　説
時計は9時をさしています。窓の外を見ると夜なので，ベッドに入って寝るところだとわかります。「寝る，床につく」は go to bed と言います。

## No. 24 解答 ③

放送文
**1** A rabbit is on the desk.
**2** A rabbit is on the chair.
**3** A rabbit is on the floor.

放送文の訳
**1** 机の上にウサギがいます。
**2** いすの上にウサギがいます。
**3** 床の上にウサギがいます。

解　説
ウサギは部屋の「床の上」にいるので，**3** が正解です。床は floor と言います。

# No. 25 解答 ②

**放送文**

**1** This is a gas station.

**2** This is a train station.

**3** This is a police station.

**放送文の訳**

**1** これはガソリンスタンドです。

**2** これは鉄道の駅です。

**3** これは警察署です。

**解　説**

電車とプラットホームの絵なので，**2** が正解です。station という単語は gas station「ガソリンスタンド」や police station「警察署」のほかに，fire station「消防署」，nurse station「ナースステーション」などにも用いられるので，特に鉄道の駅であるとはっきり示したいときは train station と言います。

94

# 2018-3

## 解答一覧

### 筆記

**1**

| | | | | | |
|---|---|---|---|---|---|
| (1) | 1 | (6) | 4 | (11) | 3 |
| (2) | 2 | (7) | 2 | (12) | 4 |
| (3) | 1 | (8) | 2 | (13) | 4 |
| (4) | 4 | (9) | 4 | (14) | 3 |
| (5) | 1 | (10) | 3 | (15) | 4 |

**2**

| | | | | | |
|---|---|---|---|---|---|
| (16) | 2 | (18) | 4 | (20) | 1 |
| (17) | 2 | (19) | 3 | | |

**3**

| | | | | | |
|---|---|---|---|---|---|
| (21) | 3 | (23) | 4 | (25) | 1 |
| (22) | 1 | (24) | 2 | | |

### リスニング

**第1部**

| | | | | | |
|---|---|---|---|---|---|
| No. 1 | 3 | No. 5 | 1 | No. 9 | 2 |
| No. 2 | 2 | No. 6 | 3 | No. 10 | 1 |
| No. 3 | 2 | No. 7 | 3 | | |
| No. 4 | 3 | No. 8 | 1 | | |

**第2部**

| | | | | | |
|---|---|---|---|---|---|
| No. 11 | 4 | No. 13 | 4 | No. 15 | 2 |
| No. 12 | 3 | No. 14 | 1 | | |

**第3部**

| | | | | | |
|---|---|---|---|---|---|
| No. 16 | 2 | No. 20 | 2 | No. 24 | 1 |
| No. 17 | 2 | No. 21 | 3 | No. 25 | 2 |
| No. 18 | 3 | No. 22 | 3 | | |
| No. 19 | 1 | No. 23 | 1 | | |

**(1)** 解答 **1**

訳　A：「あなたはテニスをしますか，ヨウコ」

B：「はい，します。これは私のラケットです」

**1** ラケット　**2** はがき　　**3** フォーク　**4** 消しゴム

解説　Aは「テニス」について聞いているので，Bは「ラケット」について話すのが自然です。ほかの選択肢では話がうまくつながりません。会話文は前後の話のつながりに注意して解答しましょう。

**(2)** 解答 **2**

訳　「9月は1年の9番目の月です」

**1** 8月　　　**2** 9月　　　**3** 10月　　**4** 11月

解説　ninth「9番目の」は nine「9」とつづりの見た目が違うので要注意です。月の名前はよく出題されます。繰り返し練習して，どの月もすぐにわかるようにしておきましょう。

**(3)** 解答 **1**

訳　「私の部屋は小さすぎます。大きい部屋がほしいです」

**1** 小さい　　　　　　　　**2** 背が高い

**3** 速い　　　　　　　　　**4** くもっている

解説　2文目の want は「〜がほしい」という意味で，「大きい部屋がほしい」と言っています。1文目の too は「〜すぎる」という意味なので，2文目との意味のつながりを考えると，「部屋が小さすぎる」と言っていると推測できます。

**(4)** 解答 **4**

訳　A：「マイク，紅茶がほしいですか」

B：「いいえ，いりません。ただお水をお願いします」

**1** 週　　　**2** 青　　　**3** 足　　　**4** 水

解説　Aが「紅茶」を勧めています。No, thanks. はていねいに断るときの表現です。「紅茶」を断って，かわりに please と希望したと考えられるのは4の「水」だけです。

## (5) 解答 ①

**訳**

A：「これは私（わたし）の姉（あね）［妹（いもうと）］の写真（しゃしん）です」

B：「まあ，かわいいですね。髪（かみ）がすごく長（なが）いのですね」

**1** 髪（かみ）　　**2** コイン　　**3** ダンス　　**4** 日記（にっき）

**解説**

B は A の姉（あね）［妹（いもうと）］の写真（しゃしん）を見（み）てかわいいと言（い）っています。話相手（はなしあいて）の姉（あね）［妹（いもうと）］について really long「すごく長（なが）い」と言（い）えるのは **1** の「髪（かみ）」です。動画（どうが）を見（み）ているわけではないので，「ダンス」は入（はい）りません。会話文（かいわぶん）は，話（はな）している状況（じょうきょう）を思（おも）い浮（う）かべて考（かんが）えることが大切（たいせつ）です。

## (6) 解答 ④

**訳**

「私（わたし）のサッカーボールはとても古（ふる）いです。新（あたら）しいのがほしいです」

**1** 小（ちい）さい　　　　　　　　**2** 高（たか）い

**3** ゆっくりした　　　　　　　**4** 新（あたら）しい

**解説**

2文目（ぶんめ）の最後（さいご）の one は「もの」という意味（いみ）で，ここでは「サッカーボール」をさしています。**4** を入（い）れて，「とても古（ふる）い」ので「新（あたら）しいのがほしい」という文（ぶん）にすると意味（いみ）が通（とお）ります。

## (7) 解答 ②

**訳**

A：「見（み）て。大（おお）きな鳥（とり）が空（そら）を飛（と）んでいる」

B：「うん。とても速（はや）いね」

**1** ～を切（き）っている　　　**2** 飛（と）んでいる
**3** 雪（ゆき）が降（ふ）っている　　　**4** 走（はし）っている

**解説**

〈be 動詞（どうし）＋～ing〉は「～している（ところだ）」という意味（いみ）です。2人（ふたり）は「鳥（とり）」の話（はなし）をしていて，空所（くうしょ）には **2** の「飛（と）んでいる」が入（はい）ります。

## (8) 解答 ②

**訳**

「ビル，起（お）きなさい！　8時（じ）よ」

**1** 見（み）る　　　　　　　　　**2**（get up で）起（お）きる
**3** ～を作（つく）る　　　　　　**4** 生（い）きる

**解説**

2文目（ぶんめ）で「8時（じ）です」と言（い）っています。get up で「起（お）きる」という意味（いみ）になるので，**2** が正解（せいかい）です。

**(9)** 解答 **4**

訳 「私はカメラを持っています。いっしょに写真を撮りましょう」

**1** 歌う

**2** 知っている

**3** 話す

**4** （take a picture で）写真を撮る

解説 camera「カメラ」を持っていると言っています。Let's は「〜しよう」と誘うときに使う表現です。「写真を撮る」は take a picture と言うので，**4** が正解です。

**(10)** 解答 **3**

訳 A：「私はよくバレーボールをするの。あなたはどう，ジム？」

B：「ぼくもするよ」

**1** 下に

**2** 上に

**3** （How about 〜? で）〜はどうですか。

**4** 〜の

解説 How about you? は会話でよく使われる表現で，「あなたはどうですか」という意味です。「私もします」と言うときは I do, too. や Me, too. などと答えます。覚えておくと便利です。

**(11)** 解答 **3**

訳 「ノリコは毎週日曜日に泳ぎに行きます」

**1** 走る **2** 〜を作る **3** 行く **4** 歩く

解説 〈go + 〜ing〉で「〜しに行く」という意味の表現になります。よく出題される表現です。go swimming「泳ぎに行く」のほか，go shopping「買い物に行く」，go fishing「釣りに行く」，go camping「キャンプをしに行く」，go skiing「スキーをしに行く」などの表現もあります。

**(12)** 解答 **4**

訳 A：「ビル，あなたの家族のことを話してください」

B：「いいよ」

|   |   |   |   |
|---|---|---|---|
| **1** | 食べる | **2** | 開く |
| **3** | 知っている | **4** | 話す |

**解説** 空所の後に about your family「あなたの家族について」があることに注意します。talk「話す」のほかの選択肢は about your family につながりません。

## (13) 解答 ④

**訳** A：「あなたはジョンソンさんですか」

B：「はい，そうです」

**解説** 空所の後は you なので，Are が正解です。I am / you are / he is / she is / it is / we are / they are は，それぞれ主語と動詞をセットにして繰り返し声に出して覚えましょう。

## (14) 解答 ③

**訳** 「私の兄［弟］はジャズが好きですが，私は好きではありません」

**解説** but は「しかし」という意味なので，1文目と2文目は反対のことを言っていると推測できます。「私は〜が好きではない」は I don't like 〜. と言うので，**3**が正解です。

## (15) 解答 ④

**訳** A：「エミリー，あの女の人はだれですか」

B：「彼女は私の姉［妹］です」

|   |   |   |   |
|---|---|---|---|
| **1** | いつ | **2** | どこに |
| **3** | どのように | **4** | だれ |

**解説** woman は「女の人」という意味です。B が「私の姉［妹］です」と答えているので，A は「だれですか」とたずねたとわかります。「だれ」とたずねるときは who を用います。

| 筆 記 | **2** | 問題編 P91〜92 |
|---|---|---|

## (16) 解答 ②

**訳** 父親：「白いキャップとピンクのキャップのどっちが好き，スーザン？」

女の子：「私はピンクのが好き」

1 私はソフトボールをします。

2 私はピンクのが好きです。

3 それはとても簡単です。

4 それはここにはありません。

**解説** Do you like A or B? は「A と B のどちらが好きですか」という質問です。答えの the pink one の one は cap をさします。cap は野球帽のような帽子のことで，ぐるっと周りにつばのある帽子は hat と言います。

## (17) 解答 **2**

**訳** 女の子：「今日はお天気かしら」
父親：「うん，そして暑いよ」

1 そして私はそこへ行きます。

2 そして暑いです。

3 でもいくらかあげますよ。

4 でも私の家で。

**解説** sunny は「晴れた」という意味です。父親は Yes と答えているので，「天気がよい」とわかります。天気の話の続きとしておかしくないのは **2** です。

## (18) 解答 **4**

**訳** 男の子：「君はよくコンピューターを使う？」
女の子：「いいえ。でも私の兄［弟］はよく使うわ」

1 それは本です。

2 私たちはそれができます。

3 それは 500 ドルです。

4 兄［弟］はします［使います］。

**解説** 女の子の No. は「私はコンピューターをよく使うことはない」ということなので，But「でも」と続けて意味がつながるのは **4** です。does は質問文の内容を受けて，often uses a computer という意味です。

**(19)** 解答 **3**

訳　男の子：「おなかがすいた。お母さんはどこ？」
女の子：「庭にいるわ」

**1**　あなたはバナナが好きですか。
**2**　それは大きな木ですか。
**3**　お母さんはどこですか。
**4**　あなたは花を持っていますか。

解説　男の子は「おなかがすいた」と言っています。食べ物が出てくる **1** を選んでしまいそうですが，あわてずに女の子の答えをしっかり読みましょう。「彼女は庭にいます」と言っているので，男の子は **3** の質問をしたとわかります。

**(20)** 解答

訳　男の子：「今日は何日だっけ」
母親：「4月29日よ」

**1**　4月29日です。
**2**　9時です。
**3**　私は春が大好きです。
**4**　次の月曜日に。

解説　What's the date today? は日付を聞く質問なので，日付を答えている **1** が正解です。曜日をたずねるときは What day is it today? と言います。時間をたずねるときは What time is it? です。どれも重要な表現なので，あわせて覚えておきましょう。

---

筆記　**3**　問題編 P93〜94

**(21)** 解答 **3**

正しい語順　(How tall is that) building?

解説　高さのたずね方を問う問題です。物の高さをたずねるには How tall is 〜? という疑問文を使います。文の最初にくる単語も選択肢の中では小文字で始まっているので，注意し

ましょう。

**(22) 解答 ❶**

正しい語順   Mr. Jones, (welcome to our restaurant).

解説   welcome to ～ は「～へようこそ」という意味で，来客を歓迎するときに使う表現です。学校を訪ねてきた人には Welcome to our school. と言います。

**(23) 解答 ❹**

正しい語順   (Takeshi washes the dishes after) dinner every

Sunday.

解説   まず，最後の空所の後に dinner とあることに注目します。「夕食後」という意味になるように，直前に after を付けて after dinner とします。残りの単語を使ってTakeshi washes the dishes「タケシは皿を洗う」ができるので，正解にたどり着けます。

**(24) 解答 ❷**

正しい語順   (Can you sing that) English song?

解説   「あなたは歌えますか」は Can you sing と言います。「その英語の歌」は the English song かと思いますが，選択肢に the がありません。that はすでに知っているものなどをさして「その，あの」という意味を表します。

**(25) 解答 ❶**

正しい語順   I (am cleaning the kitchen for) my mother.

解説   空所の後に my mother があるので，「母のために」という意味になるよう直前の空所に for を入れます。それから，「～しています」という意味を表す〈be動詞＋～ing〉の形を作り，I am cleaning the kitchen と並べます。

〔例題〕 **解答 3**

放送文
Is this your bag?

**1** Sure, I can.      **2** On the chair.

**3** Yes, it is.

放送文の訳
「これはあなたのかばんですか」

**1** ええ，ぼくはできます。      **2** いすの上に。

**3** はい，そうです。

## No.**1** 解答 **3**

放送文
Let's have some ice cream for dessert.

**1** I'm here.      **2** No, it isn't.

**3** OK.

放送文の訳
「デザートにアイスクリームを食べましょう」

**1** 私はここにいます。

**2** それはそうではありません。

**3** いいよ。

解 説
絵を見るとレストランでの会話だとわかります。Let's 〜. は「〜しよう」と誘うときに用いる表現です。誘われたときに「いいですよ」と答えるには OK. や Yes, let's. などと言うので，**3** が正解です。

## No.**2** 解答 **2**

放送文
Thanks for your help.

**1** I'm good.      **2** You're welcome.

**3** Yes, you are.

放送文の訳
「手伝ってくれてありがとう」

**1** 私は大丈夫です。      **2** どういたしまして。

**3** ええ，あなたはそうですね。

解 説
女性は Thanks と言っています。親しい間でお礼を言うときに使う表現です。「どういたしまして」と応じるときは，

18年度第3回 リスニング

103

You're welcome. と言うのが一般的です。No problem. や My pleasure. などの言い方もあります。

## No. 3 解答 ②

I like apples.
1　All right.　　　　　　　**2**　Me, too.
3　It's fine.

「私はリンゴが好きです」
1　いいですよ。　　　　　　**2**　私もです。
3　それで大丈夫です。

「リンゴが好きだ」と言った人に応じる表現として選択肢の中で適切なのは，**2** の Me, too.「私もです」しかありません。会話の中でよく使われる表現なので，覚えておくと便利です。

## No. 4 解答 ③

Who is the pianist?
1　I like it very much.　　　**2**　Here you are.
3　That's my piano teacher.

「そのピアニストはだれですか」
1　私はそれがとても好きです。
2　はい，どうぞ。
3　あれは私のピアノの先生です。

男性は Who と聞いています。人々の前に立っている人物について「だれ」と聞いているのですね。正解は **3** です。

## No. 5 解答 ①

Which sport do you play, baseball or soccer?
1　Soccer.　　　　　　　　**2**　At the park.
3　On Saturday.

「あなたは野球とサッカーのどちらのスポーツをしますか」
1　サッカーです。　　　　　**2**　公園で。
3　土曜日に。

Which は「どちらの」とたずねるときに使う表現です。こ

こでは baseball or soccer と言っているので，「野球とサッカーのどちらのスポーツを」と聞いています。一方を答えている **1** が正解です。

## No. 6 解答 ❸

**放送文**
Do you want some tea?

**1** See you.　　　　　　　**2** You can.

**3** Yes, please.

**放送文の訳**
「紅茶がほしいですか」

**1** さようなら。　　　　　　**2** いいですよ。

**3** はい，お願いします。

**解説**
「～がほしいですか」とたずねられ，ほしいと答えるときは Yes, please. と言います。実際に使うとき，ていねいな表現になるよう please を忘れずに付けましょう。断るときは No, thank you. などと言います。

## No. 7 解答 ❸

**放送文**
What time is the train to Tokyo?

**1** I like trains.　　　　　　**2** It's fast.

**3** At seven.

**放送文の訳**
「東京行きの列車の時間は何時ですか」

**1** 私は列車が好きです。　　　**2** それは速いです。

**3** 7時です。

**解説**
質問の後半に出てくる train だけに気を取られてしまうと，選択肢の **1** も **2** もよさそうに思えますが，男性は What time ～? と「時刻」をたずねているので，正解は **3** です。

## No. 8 解答 ❶

**放送文**
Is Chelsea's party today?

**1** No, it's on Sunday.　　　**2** No, it's a cake.

**3** No, it's at school.

**放送文の訳**
「チェルシーのパーティーは今日？」

**1** いいえ，日曜日よ。

**2** いいえ，それはケーキよ。

**3** いいえ，それは学校であるのよ。

**解説** todayは「今日」という意味なので，「パーティーは今日ですか」とたずねていることになります。その答えとしてふさわしいのは **1** です。**3** は日にちではなく場所を答えているので当てはまりません。

## No. 9 解答 ②

**放送文** How long is this bridge?

**1** I go to the river.

**2** It's about 90 meters long.

**3** I like the tower.

**放送文の訳** 「この橋の長さはどれくらいですか」

**1** 私は川へ行きます。

**2** それは長さ約 90 メートルです。

**3** 私はそのタワーが好きです。

**解説** How long 〜? は長さをたずねる表現なので，正解は **2** です。aboutは「約」という意味です。

## No. 10 解答 ①

**放送文** What are you eating?

**1** A sandwich.　　**2** It's Wednesday.

**3** I'm hungry.

**放送文の訳** 「あなたは何を食べているのですか」

**1** サンドイッチです。　　**2** 水曜日です。

**3** おなかがすいています。

**解説** Whatを使い，「何」を食べているかたずねているので，正解は **1** です。I'm hungry. も意味がつながりそうですが，「何を食べているの」という質問の答えとしてはちぐはぐです。

## No.11 解答 4

**放送文** ★：Can we play baseball?

☆：No, it's raining.  Let's watch DVDs.

**Question**: How is the weather?

**放送文の訳** ★：「野球をしない？」

☆：「いいえ，雨が降っているわ。DVDを見ましょう」

**質問の訳** 「天気はどうですか」

**選択肢の訳**
1 暑いです。　　　　　　　2 寒いです。
3 晴れています。　　　　　4 雨が降っています。

**解説** 選択肢を見ると，どれも天候のことを言っています。そのことを頭に入れて放送を聞きましょう。It's raining. は「今，雨が降っている」，It's rainy. は「雨模様だ」という意味です。

## No.12 解答 3

**放送文** ☆：Where does your brother live, Kenji?

★：He lives in Tokyo, Becky.  He works there.

**Question:** Who lives in Tokyo?

**放送文の訳** ☆：「あなたのお兄さん［弟さん］はどこに住んでいるの，ケンジ？」

★：「東京だよ，ベッキー。彼はそこで働いているんだ」

**質問の訳** 「だれが東京に住んでいますか」

**選択肢の訳**
1 ケンジが。
2 ベッキーが。
3 ケンジの兄［弟］が。
4 ベッキーの兄［弟］が。

**解説** 呼びかけている名前に注意して，だれとだれが話しているか思い浮かべながら聞きましょう。「ケンジ」と呼びかけられた人が兄［弟］がどこに住んでいるか聞かれ，「彼は東京に住んでいる」と答えているので，正解は **3** です。

## No. 13 解答 ④

放送文　☆：Is this DVD yours, Dad?

★：No, Sarah.  It's Ben's.

**Question:** Whose DVD is it?

放送文の訳　☆：「このDVDはあなたのですか，お父さん」

★：「違うよ，サラ。それはベンのだよ」

質問の訳　「それはだれのDVDですか」

選択肢の訳
1　サラのお母さんの。　　　　2　サラの。
3　ベンのお父さんの。　　　　4　ベンの。

解　説　yours「あなたのもの」ですかとたずねたのはサラで，相手はサラのお父さんです。返事は No. だったので，お父さんのものではありません。正解の Ben's は「ベンのもの」という意味です。

## No. 14 解答 ①

放送文　☆：What are you doing, Brian?

★：I'm reading a car magazine.

**Question:** What is Brian reading?

放送文の訳　☆：「何をしているの，ブライアン」

★：「ぼくは車の雑誌を読んでいるんだ」

質問の訳　「ブライアンは何を読んでいますか」

選択肢の訳
1　車の雑誌。　　　　　　　2　料理の雑誌。
3　音楽の雑誌。　　　　　　4　スポーツの雑誌。

解　説　質問では何を読んでいるかが問われています。先に選択肢を見て magazine の前にくる語に集中して聞くと，聞き取りやすいでしょう。

## No. 15 解答 ②

放送文　★：How old is your brother, Aya?

☆：He's 16, and my sister is 13.

**Question:** How old is Aya's sister?

放送文の訳　★：「あなたのお兄さん［弟］は何歳ですか，アヤ」

☆：「兄［弟］は 16 歳で，姉［妹］は 13 歳です」

「アヤのお姉さん［妹］は何歳ですか」

選択肢の訳　1　3歳。　　　　　　　　2　13歳。
　　　　　　　3　16歳。　　　　　　　4　23歳。

解　説　質問をしっかり聞き，男性が言っている brother「お兄さん［弟］」につられないようにしましょう。質問はアヤのお姉さん［妹］についてです。数字を聞いたらすぐにメモする習慣をつけておくと役に立ちます。

---

リスニング　第**3**部　問題編 P99～100　🔊　▶MP3 ▶アプリ
　　　　　　　　　　　　　　　　　　　　　▶CD 2 74～84

## No. 16 解答 ②

放送文
1　Open your textbooks to page one hundred and fifteen.
2　Open your textbooks to page one hundred and fifty.
3　Open your textbooks to page one hundred and fifty-five.

放送文の訳
1　教科書の115ページを開きなさい。
2　教科書の150ページを開きなさい。
3　教科書の155ページを開きなさい。

解　説　イラストに数字が書かれていたら，それを英語で何と言うか思い浮かべてから音声を聞くようにします。特に 13 と 30，14 と 40，15 と 50 などは聞き分けが難しいので要注意です。

## No. 17 解答 ②

放送文
1　Rebecca and her grandmother are at the beach.
2　Rebecca and her grandmother are at the zoo.
3　Rebecca and her grandmother are at the library.

放送文の訳
1　レベッカとおばあさんは海岸にいます。
2　レベッカとおばあさんは動物園にいます。
3　レベッカとおばあさんは図書館にいます。

解　説　イラストを見ると，キリンがいたり看板に動物の絵が描かれ

ていたりするので，動物園だとわかります。図書館，動物園，店など，町の施設の名前はよく出題されます。

## No.18 解答 ③

放送文
1 Mrs. Harris teaches math.
2 Mrs. Harris teaches science.
3 Mrs. Harris teaches P.E.

放送文の訳
1 ハリス先生は数学を教えています。
2 ハリス先生は理科を教えています。
3 ハリス先生は体育を教えています。

解 説 科目名に関する問題です。ハリス先生の服装や背景の子どもたちの様子から，体育の授業だとわかります。体育は英語でP.E.（PE）と言います。

## No.19 解答 ①

放送文
1 Fumio is making a cake.
2 Fumio is cutting a cake.
3 Fumio is eating a cake.

放送文の訳
1 フミオはケーキを作っています。
2 フミオはケーキを切っています。
3 フミオはケーキを食べています。

解 説 絵の中の男の子は泡立て器を持ってボウルに粉を入れているので，料理しているところだとわかります。is making は「作っているところだ」という意味です。

## No.20 解答 ②

放送文
1 The boys are in the classroom.
2 The boys are in the gym.
3 The boys are in the cafeteria.

放送文の訳
1 男の子たちは教室にいます。
2 男の子たちは体育館にいます。
3 男の子たちはカフェテリアにいます。

解 説 絵を見ればclassroom「教室」ではないとわかります。gym には「体育館」という意味があるので，2 が正解です。

cafeteria は，アメリカの学校などで，食事を買って自分で席まで運んで食べるセルフサービス式の食堂です。

## No. 21 解答 ③

1 Mr. Smith is a pilot.
2 Mr. Smith is a singer.
3 **Mr. Smith is a waiter.**

放送文の訳

1 スミスさんはパイロットです。
2 スミスさんは歌手です。
3 **スミスさんはウエーターです。**

解説

レストランのウエーターの絵なので，**3** が正解です。職業名もよく出題されるので，teacher, doctor, nurse, firefighter, police officer なども覚えておきましょう。

## No. 22 解答 ③

放送文

1 The boys are reading.
2 The boys are writing.
3 **The boys are running.**

放送文の訳

1 男の子たちは読んでいます。
2 男の子たちは書いています。
3 **男の子たちは走っています。**

解説

絵の中の男の子たちは走っているので，**3** が正解です。3つの文の最後の単語の音が似ているので，注意してじっくり最後まで聞くことが大切です。

## No. 23 解答 ①

放送文

1 **The pineapple is on the plate.**
2 The pineapple is under the plate.
3 The pineapple is by the plate.

放送文の訳

1 **パイナップルは皿の上にあります。**
2 パイナップルは皿の下にあります。
3 パイナップルは皿のそばにあります。

解説

イラストのパイナップルは皿の上にあるので，**1** が正解です。位置関係を表す in「～の中に」，on「～の上に」，

under「〜の下に」，by「〜のそばに」はよく出題される表現なので，しっかり頭に入れておきましょう。

## No. 24 解答 ①

**放送文**
1 Yuji has lots of animals.
2 Yuji has lots of vegetables.
3 Yuji has lots of flowers.

**放送文の訳**
1 ユウジはたくさんの動物を飼っています。
2 ユウジはたくさんの野菜を持っています。
3 ユウジはたくさんの花を持っています。

**解説**
have には「〜を持っている」という意味のほかに「〜を飼っている」という意味があります。イラストにはたくさんの動物が描かれているので，1 が正解です。

## No. 25 解答 ②

**放送文**
1 Mike goes to school by bus every morning.
2 Mike goes to school by bike every morning.
3 Mike goes to school by car every morning.

**放送文の訳**
1 マイクは毎朝バスで学校に行きます。
2 マイクは毎朝自転車で学校に行きます。
3 マイクは毎朝自動車で学校に行きます。

**解説**
自転車に乗っている男の子の絵なので，2 が正解です。英語の bike は，ふつう「自転車」という意味で使われます。「オートバイ」は英語では motorcycle や motorbike と言います。